GABRIEL HARRISON

O VENDEDOR DE PIPAS

Copyright © 2020 de Gabriel Harrison
Todos os direitos desta edição reservados à Editora Labrador.

Coordenação editorial
Pamela Oliveira

Capa
Klaus Lins
Kaio Assis

Projeto gráfico e diagramação
Felipe Rosa

Imagens de miolo
Klaus Lins

Assistência editorial
Gabriela Castro

Preparação de texto
Mauricio Katayama

Revisão
Isabel Silva

Edição de texto
Sarana Monteiro

Dados Internacionais de Catalogação na Publicação (CIP)
Angelica Ilacqua – CRB-8/7057

Harrison, Gabriel
   O vendedor de pipas / Gabriel Harrison. – São Paulo : Labrador, 2020.
   208 p. : il.

ISBN 978-65-5625-029-8

1. Harrison, Gabriel, 1988 – Autobiografia 2. Empresários – Autobiografia
3. Investidores (finanças) – Autobiografia 4. Grupo Harrison I. Título

20-2074   CDD 920.93326

Índice para catálogo sistemático:
1. Investidores (finanças) – Autobiografia

Editora Labrador
Diretor editorial: Daniel Pinsky
Rua Dr. José Elias, 520 – Alto da Lapa
05083-030 – São Paulo – SP
+55 (11) 3641-7446
contato@editoralabrador.com.br
www.editoralabrador.com.br
facebook.com/editoralabrador
instagram.com/editoralabrador

A reprodução de qualquer parte desta obra é ilegal e configura uma apropriação indevida dos direitos intelectuais e patrimoniais do autor.

A editora não é responsável pelo conteúdo deste livro.
O autor conhece os fatos narrados, pelos quais é responsável, assim como se responsabiliza pelos juízos emitidos.

A Ele, Deus. Àquele que é meu mentor e amigo.

À minha mãe, Heliany, por ter sido a minha primeira investidora e incentivadora nos momentos em que eu mais precisei. Ouso dizer, ela me define.

Ao meu irmão Filipe, por me proporcionar o mais puro sentimento: esperança e perseverança.

Ao meu pai, Silvio, e a meus avôs, que me ensinaram a ser uma pessoa filantropa desde criança.

Ao meu primogênito, Miguel. Ele que tem sido meu estímulo e inspiração diária. Eu te amo, filho!

Aos pastores de todo o Brasil, que incansavelmente oram por mim.

A toda a equipe do Grupo Harrison, aos funcionários externos que também caminham comigo.

"Tamo junto, e vamos pra cima!"

SUMÁRIO

PREFÁCIO 7

INTRODUÇÃO 9

1. O COMEÇO 15

2. IMAGINE SE EU USASSE MELHOR AS PALAVRAS 53

3. A SUA HISTÓRIA IMPORTA 87

4. O GRUPO HARRISON 117

5. VIDAS QUE FALAM 169

PREFÁCIO

Na vida somos expostos a milhares de pessoas e histórias. Algumas chegam com hora marcada, outras vêm ao acaso. Gabriel Harrison, autor desta obra que tenho o privilégio de prefaciar, foi uma das pessoas que o acaso me trouxe.

Quando o conheci, esse garoto que começou vendendo pipas e de repente se tornou milionário, me impressionei com sua história. Pessoas com dinheiro nós encontramos o tempo todo, mas nem sempre a história que trouxe dinheiro a essas pessoas é tão bonita como a que eu ouvi do Gabriel.

Suas histórias de superação, de crer sem ver, de arriscar de maneira inacreditável porque tinha um propósito, trouxeram grandes lições para a minha vida e por isso digo que esse primeiro contato foi tão devastador, porque me abençoou demais. Antes que você seja imerso na história do Gabriel, destaco apenas uma palavra: processo. Ninguém começa grande. Quando se entende a importância do processo, tudo ganha mais sentido.

Ao ler a Bíblia somos tocados por muitas histórias de homens de Deus que receberam uma promessa, mas que antes viveram um processo assustador. José recebeu a promessa de que seria um governador e teve uma visão linda daquilo que ele ia viver, mas antes ele foi prisioneiro, sofreu para que fosse preparado para aquilo que era o seu chamado. Jeremias foi instruído à descer à casa do oleiro para ver o processo de criação do vaso. Isso representa bem o que o Gabriel viveu, o que você vive ou ainda vai viver: a transformação de algo que não tem valor em algo valioso. Antes do vaso tomar forma, ele é apenas uma bola de barro, mas o oleiro, quando olha para o barro, já enxerga o vaso. Enquanto vivemos os processos e somos afrontados, desanimados, desestimulados, alguém olha para nós e já nos enxerga acabados, construídos, uma obra completa e por isso não desiste de nós. O processo nada mais é do que o criador da obra trabalhando para torná-la perfeita.

Quando se trata de uma trajetória construída em Cristo, todo processo gera resiliência para que a Sua glória esteja em nós e para que pessoas sejam abençoadas através de nós.

Desejo que a história do Gabriel, tão brilhante até agora, seja luz para o seu caminho, inspirando-o a viver coisas desafiadoras, extraordinárias. Talvez você não seja um vendedor de pipas que se tornará um milionário, talvez você não saiba aonde quer chegar, talvez o milhão não seja o seu destino – eu recomendo que nem seja esse o alvo do seu coração –, mas espere apenas uma coisa da vida: um processo perfeito para levá-lo àquilo que é o seu destino, a obra consumada.

Deive Leonardo

INTRODUÇÃO

Vivemos em um mundo em que as coisas parecem acontecer de forma veloz, e isso às vezes nos assusta um pouco. Até porque, hoje em dia, em relação às informações, pessoas com influência usam e abusam de vários meios de comunicação para expor suas ideias e sua vida diariamente. O uso da internet, TV, rádio etc. permite falar e inspirar várias pessoas sobre diversos assuntos. E você já parou pra pensar o quanto isso é incrível? Segundo algumas pesquisas, uma pessoa "conectada" recebe atualmente mais informações em um único dia do que seus antepassados receberam durante toda uma vida. Isso parece até uma estratégia para fisgar as pessoas, e realmente é. Tanto é que as "fórmulas" de lançamentos que prometem deixar as pessoas ricas em uma semana, os produtos de beleza que garantem o fim das celulites ou rugas em poucos dias e os cursos de idiomas que te fazem fluente em poucas semanas são as sensações do momento. Porém, isso só é bom para quem vende.

Existem pessoas que estão vivendo a vida de outras simplesmente porque acham mais interessante, melhor e possível. Não é mesmo? O motivo para isso, certamente, é a forma como vivem a sua vida. Pense comigo: nós temos

8.760 horas, 525.600 minutos e 31.536.000 segundos em um ano com 365 dias. Você consegue entender que para todo ser que respira esse mesmo tempo passa? O que os diferencia é como cada um consegue aproveitar e colher frutos notáveis e exuberantes em "tão pouco tempo". Sim, existem pessoas que vivem em um ano o que poderiam viver em cinco, assim como há aquelas que vivem em cinco anos o que poderiam viver em um.

Em Oseias 4:6, na Bíblia Sagrada, se diz: "O meu povo perece por falta de conhecimento".

Durante a leitura deste livro, você encontrará princípios e razões que poderão ser surpreendentes para você. Proponho então algumas perguntas, e quero que você responda para si mesmo.

Você acredita que pode mudar a realidade de toda a sua vida a partir de agora?

Você acredita que só você pode fazer isso?

Você deseja essa mudança hoje ou vai deixar que se passe mais um dia?

Com uma atitude, pode-se mudar completamente as coisas e a realidade da sua vida e, como consequência, das pessoas ao seu redor. Pois, acredite, sempre que Deus nos entrega algo, Ele mesmo nos faz ter intencionalmente ligações e conexões com as pessoas, sendo elas as mais prováveis ou não.

Se você está lendo este livro e me conhece pelas redes sociais, já deve ter visto que venho postando diariamente a minha rotina. Ouso falar que vivo uma vida que provavelmente nunca pedi a Deus, nem nunca esperei um dia viver. Acredite: o que você vai ver nas minhas redes sociais não é tudo o que quer, e sim tudo o que eu quero que você veja; assim é com todos os influenciadores que inspiram você de alguma forma. Pois a nossa vida é muito mais do que uma tela de celular, e, aproveito para dizer, não acredite em tudo o que vê nas redes sociais.

Pare, reflita e, se for para se inspirar, persista, mas nunca desista da vida pelo simples fato de pensar que a sua vida é pior ou melhor; cada um tem uma história única e incrível para ser vivida e, acredite, ninguém pode vivê-la por você, porque ela é sua e de mais ninguém. Volto a dizer, tudo depende unicamente de você! Não coloque a culpa em ninguém caso você ainda não tenha alcançado seus sonhos e metas.

A vida que tenho hoje especificamente é uma vida que só Deus realmente poderia me oferecer. O que eu vivo hoje é o que Ele acreditou e confiou a mim a viver, e eu simplesmente acreditei no que Ele disse a meu respeito, corri atrás, passei por maus bocados, e aqui estou hoje para lhe contar um pouco de quem eu fui, sou e serei. Mas, antes disso, quero te convidar a escrever um pouquinho sobre como está a sua vida hoje, exatamente do jeitinho como ela se encontra.

Vamos lá, conte-me. Não vá para a próxima página sem antes descrever como se encontra a sua vida hoje. Lembre-se: uma atitude de fé e coragem pode trazer tudo o que você deseja e sonha à realidade — à sua realidade.

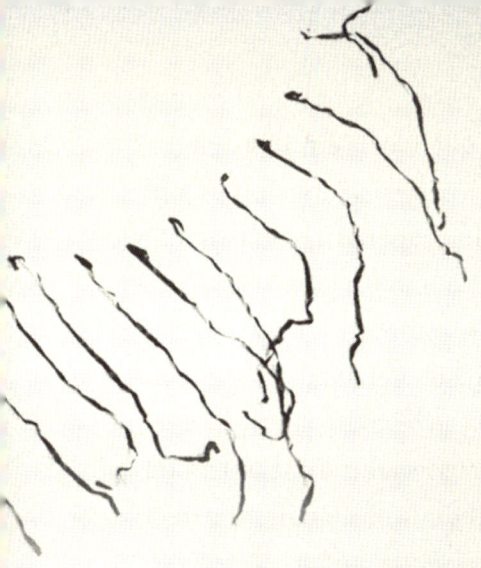

1. O COMEÇO

A minha história começou quando, lá em 1988, minha mãe descobriu que estava grávida. Meu pai, Silvio, tinha 19 anos, e minha mãe, Heliany, tinha apenas 16; eram muito jovens quando começaram a namorar e, com seis meses de namoro, quando minha mãe soube que eu estava a caminho, imediatamente eles providenciaram o casamento no civil, fizeram uma cerimônia no religioso dentro da casa da minha avó e, então, os dois começaram a encarar a vida a dois. No dia 8 de maio de 1989, eu vim ao mundo, e nem imaginava que ali começava uma árdua jornada. Meu choro ao sentir o ar entrando em meus pulmões pela primeira vez foi apenas uma das primeiras lamentações que eu teria na vida, e uma das mais tranquilas.

Nasci em Sobradinho, no Distrito Federal, uma cidade-satélite da capital do país, mas cresci em Planaltina, a 38 quilômetros do centro de Brasília, onde dei os primeiros passos de uma vida complicada que, apesar de tudo, me fizeram criar a ambição e a motivação que carrego até hoje. Planaltina é conhecida como o "coração" do Planalto Central, e também é parte significativa do meu coração, sempre fui apaixonado por esse lugar.

Tudo o que o meu pai tinha em mente, naquela época, era ter estabilidade financeira para dar algo melhor para nós e, logo, para quem viria depois — que foi o Filipe, meu irmão. Ele tinha acabado de começar a trabalhar numa escola particular, o Sigma, que hoje em dia é uma das melhores escolas do Distrito Federal e, na época que meus pais se casaram, ajudou muito os dois. Os meus pais contam que os professores e os diretores amavam muito o meu pai e o auxiliaram com doações de fogão, geladeira, panelas e vários utensílios para a casa. Desde então, muita gente se solidarizou e os ajudou. Deus usou muitas pessoas para abençoar a vida deles e desde sempre Ele vem cuidando de tudo, como você pode ver.

    Uma coisa que me marcou muito na infância foi a minha dentição: eu tinha os dentes muito deteriorados, projetados para fora, e os meus pais custearam um tratamento de mais ou menos nove anos com um especialista no centro de Brasília. Um valor simbólico do salário do meu pai era tirado todo mês para esse tratamento. Como ele recebia muito pouco, no máximo dois salários mínimos da época, ele decidiu então fazer o concurso da Polícia Militar, que na época era o concurso mais fácil para se arriscar. Meu pai queria muito ser um funcionário público, e a renda mensal era em torno de três salários mínimos. E assim foi: ele passou na prova.

    Morando de favor num barraco de madeira, meu pai fazia a compra antecipada, pagava o que devia e fazia a compra de um mês para ser paga apenas no próximo. Já naquela época, com meus pais passando por dificuldades financeiras, eles não deixaram de entregar a mim o melhor que poderiam oferecer.

    Mais ou menos na mesma época, meu pai começou a jogar baralho, o que resultou na bebida. Ele começou a beber muito, e essa situação o fez adquirir várias dívidas. Todo o seu salário começou a tomar outros rumo e destino, e suas prioridades começaram a mudar também. O dinheiro que ele conquistava com o suor do seu trabalho ia para o jogo; às vezes ele ganhava, outras, perdia. E isso seguiu durante um bom tempo, dos meus 17 aos 20 anos, atrapalhando muito a trajetória de vida dele. Ele passava noites seguidas jogando e jogando. Aos poucos, por causa disso, a meta que ele tinha de ter a própria casa e uma família feliz foi se perdendo; o foco que ele tinha na estabilidade já não importava mais.

Os meus pais começaram a brigar muito; todas as vezes que meu pai chegava em casa era uma nova discussão.

Eu já compreendia que aquilo não era algo bom, que o que o meu pai estava fazendo ou deixando de fazer estava causando todo aquele alvoroço dentro de casa, e isso me entristecia bastante.

Em determinado momento da vida, meu pai fez uma promessa de que, se Deus o honrasse, ele iria parar de jogar. E assim foi; ele parou, e hoje em dia não joga mais. É fato que não existe ninguém perfeito. E eu acredito em mudanças e entendo que uma coisa é mudar de cidade, estado ou país, outra coisa é mudar comportamentos, crenças e caráter. Pessoas maduras sabem exatamente quais mudanças precisam enfrentar, sejam elas pessoais ou profissionais.

Aproveito para abrir um parêntese aqui para isso, infelizmente existem pessoas insatisfeitas com o trabalho que têm, e, por receberem bem, vão empurrando com a barriga, afinal, estão ganhando dinheiro. Você não pode permitir que o "amor pelo dinheiro" te roube as alegrias. Se não te traz paz, mude. Não será fácil, claro. Mas é preciso assumir responsabilidades (ao contrário, deixará a vida "te levar"...) e parar de complicar o simples, dificultando o óbvio. E foi isso que aconteceu com meu pai, quando ele teve coragem e ousadia de parar com o que naquele momento o estava atrasando, só então ele começou a viver. E uma hora, acredite, essa mudança começa a alcançar uma amplitude tão grande que passa a ser inevitável escondê-la.

. . . . . .

É importante lembrar que o início do vício do jogo aconteceu por conta de um convite de um amigo do meu pai. Por isso é tão importante estarmos alinhados com as pessoas certas no decorrer da nossa jornada, para então vivermos mudanças significativas em nossas vidas. Nem todo mundo vai estar ao seu lado quando precisar, e não é qualquer pessoa que pode estar do seu lado. Existem momentos em que precisamos, sim, ser seletivos nas escolhas que fazemos, e nesta ocasião não é diferente. Você já parou para pensar que o ambiente em que vivemos afeta direta e indiretamente o que somos, influenciando na maneira em que nos comportamos como seres humanos?

Jim Rohn foi um famoso empreendedor, autor e palestrante motivacional que certa vez criou uma das frases mais utilizadas no mercado de desenvolvimento pessoal, que diz: "Você é a média das cinco pessoas com quem passa mais tempo". Essa afirmação, embora não científica, é bastante aceita e reconhecida como verdadeira, pois as pessoas ao seu redor, não sendo as certas, podem afetar seu futuro e sua vida profissional e pessoal. Todos nós precisamos de familiares, amigos e mentores em nossas vidas, no entanto, ainda assim algumas dessas pessoas podem ter um impacto negativo sobre nós, mesmo que inconscientemente.

Cercar-se de pessoas saudáveis, inteligentes, desafiadoras, sonhadoras e interessantes provavelmente o tornará como elas. O oposto também é verdadeiro e real, e aí não adianta esperar que algum milagre aconteça, pois dificilmente vai acontecer. Se for necessário se afastar de pessoas negativas e que não estejam alinhadas com o seu *mindset*, faça isso. Não estou dizendo que você deva abandonar familiares e amigos que se enquadrem nessas descrições. Talvez eles não estejam alinhados com seu grande objetivo de vida, mas vocês podem crescer juntos em alguma área específica de suas vidas. Ou talvez a relação de vocês esteja baseada apenas no lazer, e não tem problema algum nisso. Porém, busque novas formas externas de encorajamento e deixe os conselhos, segredos e sonhos para serem compartilhados apenas com pessoas que estejam alinhados com quem você é e quer ser.

O poder das conexões que fazemos é tão grande que pode influenciar toda a nossa vida. Tudo o que você quer para o seu futuro pode ser moldado por meio das relações humanas que você tem no seu dia a dia. Portanto, esteja sempre aberto para mudanças, sejam elas no seu círculo social ou até mesmo geográficas. E, volto a dizer, isso não significa que você deva abandonar sua família ou amigos. O fato é que talvez eles não sejam os melhores conselheiros para o que você procura, por isso é importante caminhar com pessoas que estão sempre alinhadas com seus objetivos, sonhos e metas.

Pergunte a si mesmo agora:
Com quem você está gastando seu tempo?
Sobre o que essas pessoas falam?
Elas estão de acordo com a forma como você deseja se manifestar no mundo?
Elas estão te levantando ou tentando mantê-lo preso?

Eu acredito que cortar as pessoas da sua vida não significa que você as odeie; significa simplesmente que você se respeita e entende que não é todo mundo que deve ficar. Reconhecer isso é raro e louvável. Saiba discernir essas pessoas, limpe a sua visão e esteja disposto a retirar e/ou cortar quem necessário for. Às vezes você simplesmente tem que agir dessa forma e dizer às pessoas que é o seu propósito, e não é nada pessoal.

Ainda criança, eu jogava biloca, pique-esconde, bandeirinha, jogo de *bets* no meio da rua. Nossa, que saudade! Na hora de brincar, eu e as outras crianças nunca tivemos diferenças entre a gente, sobre quem tinha dinheiro ou quem não tinha. Se você parar para pensar, neste exemplo existem dois pontos que valem a reflexão: o TEMPO e o DINHEIRO, ou melhor, TEMPO com DINHEIRO. Quem disse que tempo é dinheiro? O dinheiro é emocional, o dinheiro deve te servir, deve servir para você usar o tempo a seu favor e simplesmente VIVER! Dinheiro não deve ser rei de ninguém, o dinheiro não pode dominar ninguém, muito menos o tempo!

Assistindo a meus pais na correria do dia a dia, ambos trabalhando diariamente, peguei aquilo como exemplo e, com apenas dez anos de idade, planejei meu primeiro negócio. De todas as brincadeiras que eu fazia diariamente com meus amigos, aquela que eu gostava mesmo era jogar bola. Sempre estive em uma escolinha de futebol, e já joguei na escolinha do Zé Vasco, Apolinário, Cruzeiro, todas localizadas em Planaltina. Também sempre joguei com os meus amigos na rua, aquele "futebol raiz", sabe?

Tudo o que eu fazia naquela época, no entanto, não me limitava de pensar que algo estava faltando e que eu poderia fazer mais, e com o futebol não foi diferente. Logo vi que o futebol era muito mais que se divertir; havia algo dentro de mim que me impulsionava diariamente para querer viver algo novo. E, como qualquer outra criança, eu sempre tive meus desejos e anseios.

Um deles, por exemplo, era ter uma coleção de figurinhas — daquelas que temos que comprar várias para preencher os álbuns. Muitas vezes eu não tinha dinheiro para comprá-las. Foi quando eu comecei a ver que tinha que dar um jeito nisso. O meu avô às vezes me dava uma quantia, e todo o dinheiro que recebia dele comecei a guardar. Eu tinha uma mania de pegar uma folha A4 e escrever nela as minhas metas. Por exemplo: se eu quisesse vinte reais, precisava desenhar vinte bolinhas na folha e, todas as vezes que alguém me dava um real ou qualquer outra quantia, eu ia até a folha, pintava a bolinha e colocava o dinheiro em cima até completar os vinte reais que tanto queria.

Eu acredito que **CORTAR AS PESSOAS DA SUA VIDA** não significa que você as odeie, e **SIM QUE VOCÊ SE RESPEITA** e entende que não é todo mundo que deve ficar.

E assim foi. Meu avô foi, como na maioria das vezes, quem mais me ajudou a bater a meta. Quando completei os vinte reais, comecei a observar os meninos soltando pipa na rua e percebi que, toda vez que a pipa voava, eles iam até Tião para comprar uma pipa nova para soltar novamente, a qual voava também, e lá iam eles mais uma vez comprar outra pipa. E isso acontecia diariamente, e várias vezes ao dia. Naquela época eu não sabia soltar pipa, e mal podia usar cerol (só escondido da minha mãe...). O cerol, para quem não sabe, é uma mistura de cola de madeira com vidro moído que muitos usam para passar na linha da pipa e cortar a linha das outras pessoas. Essa mistura pode fazer com que a linha se torne uma navalha, causando muitos acidentes fatais. Naquela época, assim como hoje em dia, quem usava não se importava tanto ou não acreditava na seriedade disso, que poderia causar a morte de alguém. Eu, quando usava o cerol, poderia até não compreender isso muito bem, mas tinha a certeza de que era algo muito sério e sempre pedia aos meus amigos para escondê-lo em suas casas, pois, se minha mãe me pegasse com ele, era perda na certa.

Foi então que tudo começou. Meus amigos se preocupavam apenas em viver a infância de forma serena, sem preocupações ou obrigações, jogando bola debaixo de sol ou chuva, fazendo de gol o muro das casas. Durante minhas brincadeiras de rua, observei que minhas pipas e as dos meus amigos estragavam muito rápido, e logo eles tinham que comprar outra. Então tive a ideia de montar pipas para vender. Com a ajuda de alguns amigos, consegui alguns materiais de graça para produzir as pipas. Vendia cada uma delas a um real, ou 1,50 no caso das pipas com rabiola, na garagem do meu avô. Com isso eu já tinha um lucro de cem por cento, ganhando entre vinte e trinta reais por mês. Depois de um tempo, além de vender as pipas montadas, comecei a vender os materiais separadamente para quem se interessasse. Meus maiores clientes eram os filhos das clientes da minha mãe que passavam por lá. Naquela época eu mal sabia, mas já estava empreendendo. Foi assim que realmente tudo começou. Muitas vezes, somos como pipas. Às vezes até dançamos com o vento, mas não somos totalmente guiados por ele. Uma simples linha fina nos prende e nos impede de ir mais longe. Que possamos sondar nosso coração, identificar a linha e arrebentá-la para que possamos ter bons voos.

Várias situações aconteceram no decorrer desse período, mas eu sempre corri atrás das coisas, trabalhando, lutando, mesmo sendo de casa e com o pouco que tinha, e falo isso em todos os sentidos.

Quando eu tinha doze ou treze anos, passei muito mal, com uma dor muito forte no estômago, e minha mãe me levou ao Hospital Regional de Planaltina. Quando chegamos lá, o médico pediu um raio X para poder ver o que estava causando a dor que eu sentia, e então falou para minha mãe: "Ele vai ter que ir para o Hospital de Base agora. Daqui ele não sai mais, só na ambulância, daqui pra lá, pois precisa fazer uma cirurgia. Ele está com um bolo do tamanho de uma laranja no estômago". Rapidamente ela teve que ligar para o meu pai e familiares para avisar da situação e para pedir que todos se dirigissem ao hospital. Fomos para o Hospital de Base; a minha mãe estava com o Filipe nos braços, que naquela época era bem novinho, com uns quatro a cinco meses.

Chegando ao hospital, vários médicos me examinaram e então todos decidiram que precisariam de outro raio X para poder ver com clareza o que estava acontecendo comigo. E minha mãe lá embaixo com meus avô, avó, irmão e pai. Meu pai subia para ficar um pouco comigo e minha mãe descia para cuidar do Filipe. Minha mãe disse que em um desses momentos ela começou a orar com a minha avó e a clamar a Deus por um milagre — pelo meu milagre.

Parando para pensar agora, não consigo nem imaginar o desespero que a minha mãe sentiu e passou naquele dia, com um bebê no colo e eu naquela situação, com um pé na sala de cirurgia. Nós dois sempre fomos companheiros e amigos. Por amor, ela se sacrificava diariamente, o tempo todo, por mim e por toda nossa família, e isso não mudou nada até hoje. Só de pensar que esse amor mudou tanta coisa em mim, fico encantado. Sem a força, apoio e amor dela, talvez eu nunca conseguisse voar tão alto. Eu sou completamente apaixonado pela minha mãe e, principalmente, grato: ela é tudo para mim.

Fui fazer o raio X com meu pai e eram mais ou menos cinco horas da manhã. Não demorou muito e o resultado saiu. Nada. O médico olhou, olhou e não tinha mais NADA ali... O que supostamente era do "tamanho de uma laranja" no meu estômago simplesmente não estava mais lá. Eu estava tão bem que, quando deu umas seis horas da manhã, a gente já estava indo para casa. Todos, naquele momento, viram que aquilo só poderia ser um livramento, só poderia ser Deus. Eu sempre pude ver o cuidado de Deus comigo nos pequenos detalhes. Ele é um bom Pai, é o Deus de milagres, médico dos médicos, Aquele que sopra quantas vezes for necessário o fôlego da vida em nós, para nos mostrar que Ele tem o controle de tudo na palma das Suas mãos. E que nada, nada foge do Seu incrível controle. Eu sempre carrego isso comigo, pois acredito que Deus não muda e ainda faz milagres. Eu sou um milagre!

· · · · · ·

Falando em milagre, o meu irmão Filipe com certeza é um dos mais lindos que eu tive a oportunidade de contemplar. O Filipe nasceu, pode-se dizer, num tempo favorável — com certeza muito melhor, financeiramente falando, do que na época em que eu nasci. Eu ajudava muito nos cuidados com ele. Desde pequeno meu irmão sempre teve aquela autenticidade unicamente dele (quem o conhece sabe do que estou falando). É bravo, na dele, uma daquelas crianças do tipo "não mexe comigo, não". Lembro-me de que, quando a minha mãe batia nele, ele apenas a olhava — era a única expressão que ele tinha. E muitas vezes a minha mãe não gostava de brigar com ele exatamente por causa disso. Ele não chorava, ao contrário de mim: minha mãe mal levantava o cinto e eu já corria para debaixo da cama. E ela falava aquele velho "Se você não sair agora, vai ser pior". E a gente já até sabe, né? Realmente é pior.

Lembro-me de uma situação que passamos juntos e nos marcou muito, e que me ensinou bastante. Certo dia, eu e o Filipe estávamos brincando e ele quis subir em um pé de manga que ficava atrás da casa onde morávamos para pegar uma das frutas, e assim o fez. Só que, quando subiu, ele acabou ficando preso em um dos galhos de cabeça para baixo, e os pés (que ficaram presos) estavam escorregando aos poucos. Quando vi ele gritando, eu corri em sua direção sem pensar duas vezes. Subi na árvore igual um doido e peguei o Filipe. A única forma de tirá-lo dali foi me colocando em seu lugar, fazendo exatamente o que ele tinha feito para chegar onde estava e ficar na mesma posição em que ele estava, para então colocá-lo no chão. E, quando enfim consegui jogá-lo no chão, eu não consegui voltar para a posição em que eu estava. Meu pé escorregou de fato, e então eu caí de cabeça no chão (me deixando uma marca que tenho até hoje). Desmaiei e, depois que acordei, vi todos ao meu redor chorando e, ao chegar no hospital, o doutor me perguntava se eu estava sentindo dor, se queria tomar uma injeção para amenizar a dor. Eu, querendo ser o "fortão", falava que aquilo tinha sido apenas uma "quedinha", mas no fundo eu estava morrendo de dor; o que eu queria mesmo era mostrar que era forte...

Uau, como eu aprendi com o Filipe, e me orgulho tanto disso! Hoje em dia a gente lê cada absurdo... Cada coisa estranha, sem amor ou, pior ainda, de pessoas "inteligentes" praticando o desamor. Será que é normal? Costumo dizer que cada um de nós tem a oportunidade de mudar a realidade do mundo e, se cada um fizer um pouco que seja, o mundo se torna melhor, as pessoas se tornam melhores. Naquele momento, no pé de manga, eu vi uma oportunidade de fazer algo de bom para alguém, e não apenas por se tratar do meu irmão, mas porque ele estava precisando de mim e, se eu estava lá no momento oportuno para isso, por que não fazer? Eu tenho amigos que amo com todo meu coração (e amo de verdade!) e, acredite, por eles ou por qualquer outra pessoa, o que eu puder fazer para ajudar, eu vou fazer.

    Certa vez, um amigo fez algo muito errado (sim, existe certo e errado para algumas coisas) no Adventista, um colégio que eu estudei ainda na infância: ele levou para a escola um facão e me chamou para ir ao banheiro para me mostrar. Até então ele tinha falado apenas que queria me mostrar algo. Chegando lá ele abriu a mochila e, quando eu vi aquilo, logo me desesperei. Claro, ele tinha suas "desculpas" preparadas: ele tinha sido ameaçado por um menino e aquilo era uma forma de ele se proteger. Assim que ele guardou o objeto novamente na mochila para que "ninguém" pudesse ver, de repente, o diretor da escola apareceu na porta do banheiro pedindo para nos dirigir à sala da direção. Lá, ele abriu as nossas mochilas aleatoriamente; dentro da minha só tinha meu lanche e materiais didáticos, e na do meu amigo, o facão.

O diretor, naquele momento, poderia muito bem procurar por algum material que nos identificasse para saber de quem era de fato aquela bolsa com o facão, mas ele preferiu ouvir da nossa boca a confissão ou a falta dela. Dito e feito, meu amigo simplesmente não falou nada. Sendo assim, imediatamente eu comecei a falar o que tinha acontecido e que aquele facão não era meu. Por fim, fui liberado para retornar à sala de aula, enquanto ele foi suspenso por uns dias.

Mas, assim que tive a oportunidade de vê-lo novamente, ele começou a dizer que eu ia "pagar por tê-lo prejudicado", que o errado da história era eu etc.

O que eu fiz? Falei sem medo: "Meu amigo, quem está errado é você! As pessoas confiam em você, eu confio e confiei em você. E você quebrou isso. Nunca mais faça isso, e mude você sua atitude".

Ele não aceitou muito bem e continuou me ameaçando. Chegou até a levar um *pitbull* à escola para me dar medo. Infelizmente, foi preciso tomar algumas providências para que ele pudesse parar com esse comportamento e enfim ele reconheceu seu erro — depois, inclusive, chegou a me pedir desculpas.

Eu quero que você entenda que o amor grita verdades, repreende quando se está errado, e apoia quando se está certo. Quero muito que meus amigos sejam felizes, mas, se a felicidade deles estiver ligada a algo "incomum", continuarei amando e torcendo para que seus olhos se abram da melhor forma e haja o reconhecimento e a melhora do seu erro. Isso não significa que eu concorde com todas as atitudes, e sim que estarei sempre disposto a ajudá-los da melhor forma.

Com o Filipe, meu irmão, não foi diferente. Na época em que ele foi preso, eu estava na calçada da rua, sentado e chorando muito por toda aquela situação que estava acontecendo. Esse foi um dos piores momentos da minha vida, e me machucava muito. Lembro-me que nesse dia liguei para uma pessoa para falar sobre tudo o que eu estava passando e sentindo, e eu me recordo bem que essa mesma pessoa falou: "Cara, é o que ele escolheu pra vida dele". E, sabe?, não era isso que eu queria ouvir. Eu sei que existem momentos em que não ouviremos o que queremos, mas... de verdade? Não naquele momento; isso era a única coisa que eu não queria ouvir, principalmente de uma pessoa tão especial. Porque eu acredito muito que existem momentos em que não é o que você escolheu pra sua vida, e sim o que você "acha" que escolheu para a sua vida que conta! Existem várias pessoas por aí, principalmente dentro dos presídios, que estavam precisando de apoio e sofrendo pela ausência de um papo de pai para filho e de filho para pai.

Ausência de amor, carinho e presença. Isso é o que conta, é isso que faz a diferença. Essa ausência nos causa também o reconhecimento não de saber quem é o culpado, mas de que talvez o motivo de toda a mudança deve partir não somente do filho, mas também do pai, e às vezes até da mãe. Às vezes, a casa tem que mudar para receber e abraçar um ao outro. Eu me recordo que ouvir isso me deixou tão chateado — ah, como eu chorei! E mais uma vez me apeguei a Deus, crendo que Ele estava no controle de tudo.

Você já deve ter ouvido falar da parábola do filho pródigo. Mas agora eu quero que você se atente a isso... Em Salmos 25:14, diz: "A intimidade do Senhor é para aqueles que O temem, aos quais Ele dará a conhecer a sua aliança". Há outra tradução que diz que "a intimidade é para aqueles que O buscam....". Se a gente parar para pensar, assim como entre colegas e amigos, no relacionamento entre familiares há também uma intimidade disponível para nós, muitas vezes, só não percebemos isso, ou simplesmente deixamos despercebidos, mas, acredite, só usufrui dela quem está disposto a passar mais tempo junto, conversar, buscar, criar, tentar; assim é com Deus, assim é entre amigos, colegas e familiares.

Fazendo uma breve comparação, pense comigo; uma família com um pai que tem dois filhos, e todos os dias eles fazem as mesmas coisas juntos, almoçam, brincam, os filhos até agradecem o alimento de cada dia, mas um dos filhos não se contenta apenas com isso e quer saber sobre quem é seu pai, quer conhecê-lo, gosta de conversar, passar um tempo a sós com ele, por fim, tudo o que ele quer é intimidade. Esse filho acaba sendo amigo do pai, e, com isso, fica sabendo dos planos dele, sabe o que é melhor para a empresa que o pai tem, o filho começa a alinhar seus pensamentos com os pensamentos do pai, ele começa a identificar as dificuldades também. Isso gera no filho uma confiança e um descanso. E gera no pai também uma confiança de que pode contar com aquele filho para dar continuidade ao seu trabalho. O pai ama os dois filhos do mesmo jeito, não tenha dúvida. Mas um filho escolheu ter intimidade. O outro fica por vezes, até enciumado porque diz "conhecer" o pai também, mas não é verdade, ele apenas sabe o nome dele, mas não conhece o seu coração. Onde quero chegar com essa história? Quero te convidar para buscar uma intimidade com Deus, com quem está perto de você, seja um filho, esposo, mãe ou pai, amigo, qualquer um que seja, pense em alguém que você sabe que precisa melhorar o relacionamento que vocês têm agora. Este não é um convite para uma religião (Deus te livre disso...). Saber sobre o amor e não usufruir dele chega a ser egoísta e sem fundamento. Falar muito sobre uma pessoa não o torna íntimo dela, pois eu acredito que intimidade não é só falar, é ouvir também.

E essas mesmas pessoas podem nos ajudar a enfrentar alguns momentos difíceis, engraçado é que sempre que passo por uma dificuldade eu digo a mim mesmo: "Vai ser diferente", e realmente é. Eu entendo que, quando as coisas estão muito difíceis para nós, é porque uma novidade de vida está a caminho. Sim, naquele momento eu chorei muito; sou um ser humano e isso faz parte do processo. Mas eu sabia que tinha que romper aquele obstáculo, e para rompê-lo eu tinha que fazer o que tinha que ser feito, independente do que fosse. Um exemplo disso é que, um dia após o meu irmão ser preso, eu tinha uma viagem marcada. Me recordo plenamente que o avião passou por cima do presídio. Tive que superar isso, porém, assim que voltei da viagem, pensei: "Agora vou parar por um tempo para buscar o meu irmão".

Eu o visitava toda semana, e fiz muitas amizades dentro do presídio. Sempre que eu chegava para visitar o Filipe, ele me apresentava para alguém e, como esperado, tinha umas quarenta pessoas no pátio, e eu só ouvia as vozes que diziam: "Olha lá o Gabriel. Gabriel, eu quero falar com você depois", "Me fala aí como estão minhas coisas lá fora, meus processos judiciais, você pode me ajudar com isso?", "Cara, você abriu meus olhos para que eu pudesse falar mais vezes para minha mãe que eu a amava, e eu falei, e ela chorou muito aqui".

Eles sempre me perguntavam o que poderiam fazer por mim por eu estar auxiliando-lhes com as suas coisas pessoais ou até mesmo problemas externos, e tudo o que eu queria e pedia sempre era: "Cuide do meu irmão, não deixe que nada de mal aconteça com ele, pois isso é o suficiente para mim". E foi dito e feito: o Filipe viu que já era, os meninos lá dentro não deixavam ele fazer nada de errado, nada mesmo, sempre deixavam claro para ele: "Seu irmão está aqui toda quarta-feira e quer um relatório, então nem vem". Eu os tinha como amigos, e tenho certeza de que eles também me viam assim. Criamos uma boa amizade, e eu não via neles somente a parte ruim. Óbvio que eles já tinham feito algo ruim... mataram, roubaram, mas e aí? É só desqualificar uma vida e colocar ela dentro de uma "jaula" e acabou? Não vejo as coisas dessa forma, e realmente não é assim — não para mim. Eu gosto de acreditar e investir nas pessoas, e acredito que temos a oportunidade de trazer essas pessoas para uma realidade diferente.

É impressionante como TODA situação serve de aprendizado para nós, independentemente de qual lado estamos. Se somos injustiçados ou se cometemos algum ato de injustiça, há algo ali que pode nos ajudar a melhorar. Se somos o agente ou o reagente, diante de toda ação e/ou reação há uma lição escondida. Aí é que escolhemos se vamos amadurecer ou endurecer (recomendo a primeira opção). A ausência de "coração" e amor nas pessoas só as desumaniza, e SER ser humano revela muito da nossa identidade gerada em Deus, afinal, fomos feitos à Sua imagem e semelhança. Os grandes feitos são construídos a partir de pequenas coisas, então, se é possível acreditar na mudança de alguém, eu prefiro acreditar. Em Efésios 5:11, diz-se: "sujeitando-vos uns aos outros", e em Filipenses 2:3: "considerando uns aos outros superiores a vós mesmos". Se estivermos atentos ao coração disponível e sensível, podemos ser aperfeiçoados a todo instante; com os erros dos outros também podemos aprender, mas acho que disso você já sabe, não é? Pois há uma oportunidade de crescimento para todos, sem exceção. Se o equívoco do outro nos ofende, precisamos aprender.

O erro do outro pode nos ensinar e nos levar a praticar pequenos ensinamentos de Jesus e, a todo instante, com essas pequenas atitudes, geramos alguns dos frutos do Espírito (descrito em Gálatas 5): DOMÍNIO PRÓPRIO, AMOR e BONDADE, e contra essas coisas NÃO EXISTE LEI. Que possamos perceber cada situação como uma oportunidade de crescimento: era isso que eu tentava mostrar sempre para aquela galera.

Vejo que a bolsa de valores também pode proporcionar isso, porque nela não há esse negócio de antecedentes criminais. Lá não existe discriminação nenhuma: a bolsa de valores é para todo mundo. Já o emprego, não. Nas grandes empresas (ou melhor, nas grandes e nas pequenas empresas), não. Qual é um dos documentos que as empresas sempre pedem? A certidão criminal. Para elas, se você já foi preso, acabou, perdeu a oportunidade. A Harrison não é assim: no início da empresa, eu não pedia nem o currículo. Se hoje, dentro da minha empresa, há alguém que já cometeu algum crime no passado, eu nem sei. A única coisa que sei é que a pessoa já mudou a sua mentalidade e quer aproveitar as oportunidades, e isso me basta. Essa não é mais uma história "inventada"; eu não a criei. Eu vivi. Eu senti.

É fato que aprender com os nossos erros pode nos ensinar muito mais que aprender com os erros dos outros, mas, se for para escolher, não pense duas vezes, escolha ser o aprendiz. Pois existem erros que são indiscutíveis e muitas vezes precisaremos dar muita sabedoria, o que, infelizmente, não temos. Diante disso, saiba que essa poderá ser a melhor escolha que você faz. O meu filho Miguel me ensina muito. Ele me ensinou a parar um pouco, descansar e recuperar o fôlego. Hoje, eu tiro um tempo para ir até a natação com ele, para brincar etc. Nós ensinamos no dia a dia que ele tem que agradecer pelos alimentos, por cada detalhe, por tudo, pois ser grato é um dos valores básicos da vida. Eu ensino do meu lado, a mãe dele ensina do outro, e isso vai se moldando da melhor forma possível e criando um grande valor no Miguel, hoje e futuramente. Eu vejo no Miguel uma criança que tem algo guardado dentro de si, segredos que, quando ele abrir o coração e a boca para falar, vão mudar muita coisa. Ele é o futuro da minha empresa; sinto que, no tempo certo, ele levará a Harrison para outro patamar. Não vejo a hora de ensiná-lo sobre as coisas da vida e ouvir dele ensinamentos que mudarão a minha vida também. Sei que ele vai falar: "Daqui pra frente vai ser assim, pai!", e realmente vai ser. Eu acredito no potencial dele, sei que ele é uma águia e irá conquistar tudo o que quiser. Eu o amo com toda minha força e sei que ele vai ser um homem extraordinário, que ele vai completar minha missão na Terra quando eu não estiver mais aqui, e começará uma nova jornada de acordo com o seu propósito de vida. A sua vinda foi profetizada; ele é promessa, ele é a minha herança, uma herança de Deus para mim.

Hoje eu tenho também a tia Eliane, que, para mim, faz parte da minha família. Eu não vivo sem ela, e quero muito ajudá-la sempre. Falei para ela: "Olha, cê não me larga não, viu, tia? Se você me largar, eu vou atrás da senhora". É ela que cuida do meu filho; ela é como aquela segunda mãe para o Miguel, e o ensina a fazer tudo. Disciplina quando tem que disciplinar, e me passa um *feedback* diariamente sobre o acompanhamento dele, com fotos e vídeos.

......

Os grandes feitos são
CONSTRUÍDOS

a partir de
PEQUENAS COISAS.

Meu desejo é que a nossa criança interior não se perca nesse mundo; mas, se perder-se, que seja resgatada. Voltando à minha juventude, o tempo foi passando e, do Colégio Centro Educacional 01, fui para o Pequeno Aprendiz, onde fiz grandes amigos, todos moradores de Planaltina. Dessa escola, fui para o Centro Educacional Delta, já adolescente. Nessa época, várias vezes eu e meus amigos fazíamos de tudo para ir embora para casa mais cedo. Sempre inventava uma dor de barriga, dor de cabeça e por aí vai. Quando eu estava na 8ª série, comecei a fazer estágio na empresa de tecnologia CTIS; pegava dois ônibus para ir ao trabalho, que ficava no SIA (Setor de Indústria e Abastecimento), e mais dois para voltar do SIA para Planaltina. Eu era o único aluno da turma que trabalhava. Ganhando apenas 250 reais por mês, eu amava me exibir por aí: saía com meu crachá do trabalho e ia direto para a escola; recordo-me que deixava ele bem exposto para que todos pudessem ver que eu estava trabalhando, e não era em qualquer lugar, era na CTIS. Nesse mesmo ano, eu ia ser reprovado. Recordo-me que o meu pai teve que ir até a escola para conversar com o diretor e ver o que ele poderia fazer para que eu não reprovasse aquele ano. Graças a Deus, ele aceitou a proposta e me ajudou, mas pediu a minha transferência, pois não me aceitariam mais lá.

Foi uma fase difícil e de novidade para mim, mas também me fez crescer muito e ser independente, não financeiramente, mas no sentido de não precisar do acompanhamento dos meus pais em determinados momentos. Aprendi a andar de ônibus sozinho, longe do meu pai, longe da minha mãe; isso fazia eu me sentir "o cara", o homem da casa igual o meu pai.

Quando fui receber o primeiro salário, lembro-me que foi por ordem de pagamento: você mostra a identidade e pega o dinheiro. E então mostrei minha identidade e peguei os 250 reais. Que sensação! Imagina comigo: aquele foi o meu primeiro pagamento da vida; é como se eu tivesse zerado a vida naquele momento. Eu olhei para um lado, olhei para o outro e, com muito medo de ser roubado, coloquei tudo dentro da meia e saí do banco. Assim que cheguei na porta do banco, sério, estava caindo um temporal lá fora, e naquela época não existia parada de ônibus coberta. No SIA, não havia nada coberto que pudesse me livrar de pegar aquela chuva.

Sem guarda-chuva, andei, andei, peguei os dois ônibus de sempre e finalmente cheguei em casa, encharcado e faminto. Porém minha mãe, com o semblante triste no rosto, explicou que não havia mais nada para comer e que meu pai não podia comprar pois estava devendo no mercado. Sem pensar duas vezes, com o salário que recebi, de 250 reais, fui sozinho até o mercado e gastei tudo em mantimentos para casa. No caminho, pedia a Deus que um dia não tivesse que ouvir mais minha mãe dizer que não tem comida em casa ou que meu pai estava com dívidas a pagar. E Ele me ouviu, como sempre faz.

Eu já trabalhei muito e, por muito tempo da minha vida, ganhando pouco, mas isso me ensinou bastante. Onde eu mais aprendi foi nos lugares em que eu tinha os menores salários. Aprendi a ser leal, humilde, zeloso e ter disciplina quando recebia pouco. Por isso é importante valorizarmos os pequenos e os mais insignificantes momentos e detalhes, pois eles estão nos treinando para um futuro brilhante.

Quando minha mãe me viu chegando com as compras, certamente não sabia como se sentir. Abraçou-me forte, com os olhos cheios de lágrimas, que transbordavam uma mistura de orgulho e tristeza. Meu pai sentiu o mesmo, mas logo se dirigiu ao seu quarto sem muita reação.

Eu me emociono até hoje, porque, sempre que me pego em alguma situação difícil, Deus me lembra daquele dia, porque essa foi a minha primeira oferta a Ele, foi para dentro de casa, para minha família.

Voltando ao Delta, o legal dessa época é que, além de ter feito grandes amigos, quando eu estava no 3º ano do ensino médio, comecei a falar sobre concursos públicos dentro da sala com os colegas de classe, e sempre apresentava o salário de algum concurso. O primeiro que apresentei foi de agente administrativo da Polícia Federal.

Eu sempre procurava incentivá-los, mostrando que precisávamos mudar a nossa mentalidade a respeito de muita coisa, como a de que não precisávamos concluir a faculdade para passar no concurso. E assim foi: com todo mundo que eu tinha oportunidade de conversar, eu sempre falava sobre concurso público. Como se eu fosse ser um funcionário público, né? Mas eu vi ali uma oportunidade de ganhar bem e crescer.

Eu fazia novos amigos com muita facilidade, amigos que hoje em dia voam o seu próprio voo. E, parando para pensar sobre isso, eu fico muito feliz quando vejo eles encontrando o seu caminho e a sua vocação, e, quando ainda não encontraram, sinto uma enorme vontade de ajudá-los a encontrar. Acho que a vida é isso, não? É muito mais do que pensar apenas em ganhar dinheiro, realizar somente os nossos sonhos, só pensar em si. Precisamos parar um pouco e olhar para o lado, ajudar as pessoas que nos rodeiam na caminhada, ajudá-las a crescer e a realizar os seus sonhos também, e o Delta me ensinou muito isso.

Do Delta eu fui para o Colégio Adventista de Planaltina, e lá, como de costume, também fiz muitas amizades e todo mundo gostava muito de mim. Muitas das coisas que aconteceram lá, acredite, não ouso colocar neste livro, porque são confidenciais... Mas posso compartilhar com você duas histórias que são inesquecíveis para mim.

Certa vez, eu estava no banheiro... Sabe aquele "momento sagrado"? Lá estava eu, porém na hora errada. De repente, entrou uma galera na maior bagunça lá dentro, pois um menino tinha pegado escondido as fichinhas da lanchonete e, simplesmente, chamou geral para dentro do banheiro. Recordo-me que eles entraram no banheiro falando: "Eu quero dez", outro falava: "Eu quero cinco", e de repente um disse: "Para quem tiver dez reais, eu vou dar vinte fichas". Daí pensei: "Meu Deus, o que esses meninos estão aprontando?" Permaneci calado, escondido e na minha.

Naquele momento, ele estava vendendo as fichas pela metade do valor. Quando percebi o que estava acontecendo, eu esperei todo mundo sair, olhei pela fresta da porta e identifiquei o vendedor. Pela voz eu já tinha reconhecido quem era, mas precisava ter certeza. Certeza para quê? Para eu ir até o diretor e contar tudo para ele. Onde eu estava com a cabeça? Lá fui eu. Chegando lá disse: "Olha, aconteceu isso, isso e isso". Imediatamente ele perguntou quem foi e eu disse. Faço uma pausa agora aproveitando o momento para falar que esse mesmo menino, um tempo depois, só para ter o prazer de "sumir" com a chave da escola, pegou a chave do porteiro e desapareceu com ela — e, olha, ninguém sabe como ele conseguiu fazer isso. Quando descobri que tinha sido ele, contei também. Não era nada pessoal; eu não me achava o bonzão, ou o "garoto exemplar" da escola, porque eu realmente não era, e estava longe de ser. Eu simplesmente não achava aquele tipo de atitude correta, e tentava ajudar da melhor forma, com toda a inocência que eu tinha, mesmo depois vendo que isso, aos olhos dos outros, não era nada bom.

    Momentos como esse geraram várias situações desagradáveis, porém me deram também muita credibilidade com o diretor. A educação adventista, para quem a conhece, é baseada em princípios bíblicos e valores sólidos e tem como compromisso não apenas a qualidade pedagógica de ensino, mas o aperfeiçoamento do desempenho escolar do aluno e sua formação integral. E, naquela época, participar de torneios ou competições celebrados entre duas ou mais escolas, como o circuito interescolar, não era algo muito bem-visto por eles por uma regra da escola. Eu, mesmo assim, pedi muito ao diretor para que liberasse a nossa escola para participar. Meu objetivo, a princípio, era jogar e/ou competir com os meninos do Delta, pois eu estava com saudades dos meus amigos de lá, e, claro, queria ganhar deles também, pois eu já era competitivo. O diretor disse que iria pensar, e, para reforçar meu pedido, eu sempre o cobrava. Acho que, pela minha insistência e conversas diárias, ele acabou deixando.

Foi dito e certo, lá estava o Adventista. Entramos no interescolar para jogar futsal com as escolas públicas e particulares. Aí, meu amigo, era só paulada, a gente só ficava em segundo ou terceiro lugar; do primeiro nunca nem vi a cor. O Delta quase sempre ganhava; quando não eram eles os vencedores, eram os alunos de alguma escola pública.

Nesse período, conheci uma pessoa que faz parte da minha vida até hoje, o Kassio. Brincamos juntos na escola, aproveitamos nossa adolescência e, agora adultos, compartilhamos nossos sonhos. Criamos um laço muito forte com a família um do outro e acabamos nos tornando irmãos de outra mãe e outro pai. Eu sempre senti que aquela amizade era para valer. Até hoje temos uma mentalidade muito parecida. Kassio sempre dizia que se impressionava comigo por eu sempre ser muito determinado.

Muitos anos depois, quando Kassio prestou um concurso público para entrar na Polícia Federal, eu fui o único que teve a certeza de que ele seria aprovado. E não deu outra: ele passou. Quando encontramos um ponto de apoio, parece que tudo fica mais fácil ou, quem sabe, mais tolerante, não é?

Sempre me defini como sonhador, e meus desejos de infância eram tão prósperos quanto a chuva que cai depois da seca. Aquela chuva tão esperada que uma hora despenca das nuvens pesadas aliviando toda a agonia do solo quente e árido, dando vida às criaturas que necessitam da água. Eu passei grande parte da vida esperando por essa chuva...

Altruísmo é a filosofia que diz que os seres humanos podem beneficiar uns aos outros por suas ações voluntárias; é a vontade de ajudar e fazer o bem ao próximo por vontade própria, sem esperar por algo em retorno.

Esse é o sentimento que eu desenvolvi quando criança e faz parte de minha essência até hoje. Claro, mudei em diversos aspectos desde aqueles tempos para cá, porque, afinal, nós não somos a mesma pessoa que éramos ontem; vivemos sempre entre altos e baixos e em constante mudança.

Mesmo quando não tinha condições de ajudar o próximo, sempre ofereci meu apoio e o melhor que tivesse no momento. Certa vez, encontrei um engraxate, e disse a ele: "Seja o melhor engraxate! Se o seu atendimento for o melhor possível, se vier acompanhado de um bom-dia e um sorriso, já basta! Seus clientes vão permanecer com você por toda a vida". Às vezes, tudo que alguém precisa é ouvir um elogio, uma palavra de amor. Esse é o grande segredo do sucesso: saber identificar esses momentos. E essa pessoa que dá o apoio pode ser você! O amor é um dos melhores sentimentos que eu tenho, e, em minhas ações, é algo que eu nunca medi esforços para dar e receber.

Eu sempre soube que as coisas não acontecem de um dia para o outro, e Deus sempre me deixou ciente de tudo o que Ele quer realizar em mim e através de mim, assim como Ele sempre disse que, para a concretização de tudo isso, é necessária a preparação. Quando escutam a palavra "preparar", muitos imaginam que isso ocorre de um dia pro outro.

Sobre as dificuldades que teria de enfrentar em minha trajetória de vida, isso nunca me causou medo. A fé desde criança é a minha segurança e meu refúgio, e eu sempre soube que iria chegar, e saber aonde chegar é tão importante quanto como chegar, por exemplo. Muitas vezes não sei como, mas sei que vou chegar! Pois eu tenho a Deus, o meu amigo e mentor. Ele sempre, de alguma forma, se expressa a mim dizendo: "Eu estou contigo".

Isaías 41:10 fala exatamente sobre isso:

"Mas você, Israel, é meu servo.

Você é Jacó, meu primeiro escolhido,

descendente do meu bom amigo Abraão.

Eu trouxe vocês do mundo inteiro,

chamei-os dos cantos mais obscuros da terra.

Dizendo a cada um: 'Você é meu servo, está do meu lado.

Eu escolhi você. Não o abandonei'.

Não entre em pânico. Estou com você.

Você não precisa ter medo, porque eu sou seu Deus.

Vou dar forças a você. Eu o ajudarei.

Você encontrará firmeza em mim, vou segurá-lo pela mão."

Perceba comigo que estar com Deus nem sempre significa que teremos saúde, abundância ou, melhor dizendo, que teremos tudo. Às vezes, o nosso estar com Deus é baseado unicamente em ter avanços significativos, prosseguir e não desistir. Sigo acreditando que, se Ele está comigo, isso me basta. Talvez hoje você precise ultrapassar barreiras, enfrentar dificuldades, vencer o pânico ou o medo que por dias tem te paralisado. É o que eu sempre falo: muitas vezes nos encontramos em situações em que dizemos: "É, agora acabou", "Tenho contas para pagar amanhã, mas não tenho mais dinheiro", "Meu filho se encontra enfermo", ou outras situações que parecem desesperadoras. Saiba de uma coisa: quando elas vierem na sua frente, é porque Deus quer te fortalecer. Ele com certeza quer mostrar algo para que você possa criar uma estratégia, alinhar a sua visão, e ter um alto controle da situação, durante ou após o processo.

Porque, quando você passa pela dificuldade — pode parar para observar —, sempre fica o questionamento: "Nossa, era só isso?" Às vezes até se pensa: "Eu até pensei em tirar a minha vida", o que, infelizmente, acontece com muita gente simplesmente pelo fato de pensar que não vai suportar mais um dia sequer, alguns pensam que tirar a própria vida é a única e melhor solução. Muitos desistem no meio do caminho, e eu espero de coração que você não seja essa pessoa — não a partir de agora. Encare todos os seus medos e desafios, e então vencerá!

Às vezes, o nosso estar com **DEUS** é baseado unicamente em ter avanços significativos, **PROSSEGUIR** e **NÃO DESISTIR.**

Descreva agora quais são as situações, as dificuldades e os medos que estão te paralisando:

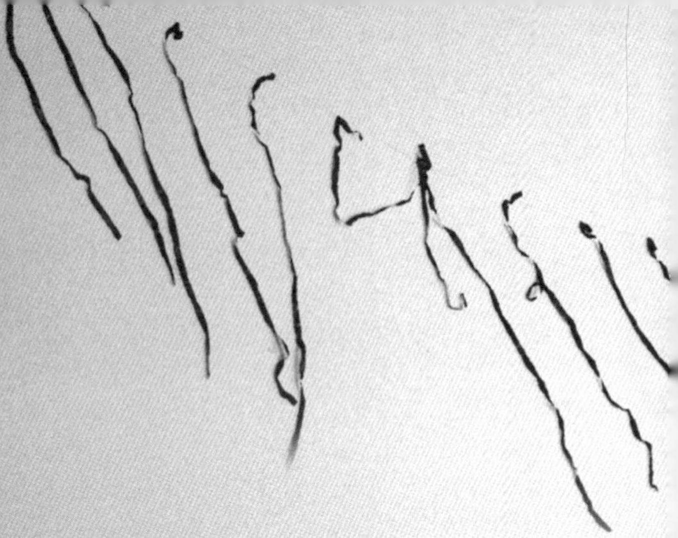

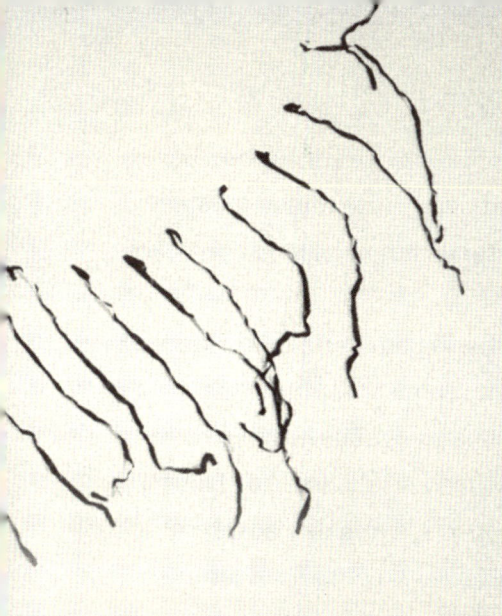

2. IMAGINE SE EU USASSE MELHOR AS PALAVRAS

Entre uns 18 e 25 anos, eu fui um jovem comum, que gostava de socializar com os amigos, mas a minha "noitada" muitas vezes era sentar e pensar no futuro, planejar, colocar no papel os meus objetivos.

No auge dos meus 18 anos, já com certa maturidade, abrindo os olhos para entender como a vida funciona, sem aquele olhar inocente de criança, mergulhei no meu segundo negócio: venda de roupas. Em uma loja chamada Balada, que ficava em Goiânia, eu comprava roupas e as revendia em Brasília e suas cidades-satélites, como Sobradinho e Planaltina, para amigos, familiares, colegas e conhecidos. Batia de porta em porta procurando clientes, com a sacola cheia nas costas, debaixo do sol do meio-dia. Acredite, tive que ouvir comentários negativos a respeito do meu trabalho e dos meus sonhos por muito tempo: "Isso não vai dar certo, não", "Você é sonhador demais", mas, com isso, aprendi que não é todo mundo que vai se alegrar com as suas vitórias, porque o seu sonho pode ser possível para você e impossível para outras pessoas. Temos que saber para quem a gente conta os nossos sonhos e projetos, porque não é todo mundo que vai estar lá quando tudo isso der certo, já que são poucos os que se alegram com a sua felicidade, o seu sucesso e o seu crescimento.

Apesar do meu sobrenome ser de origem norte-americana, eu adoro ser brasileiro e sigo a lógica daquela famosa frase: "O brasileiro não desiste nunca". Já tive ideias malucas como abrir uma papelaria, um açougue, uma loja de digitalização. Dessas ideias, a única que saiu do papel foi uma franquia de sacos de pão. Ela não deu certo, mas foi um aprendizado e uma preparação para os desafios e surpresas que estavam para acontecer.

Eu coloquei na minha cabeça que nunca diminuiria o ritmo; sempre estive à procura de novos projetos, novos negócios, sempre em movimento, comprando, vendendo e de olho em oportunidades.

Quando decidi que faria a faculdade de Direito, pensava em advogar, e juntava meu dinheiro e o de meus pais para pagar os estudos; ainda assim, atrasei algumas matérias porque não tinha como arcar com elas. Mais tarde, consegui um estágio num escritório de advocacia e permaneci lá por dois anos. Em um dia normal de trabalho, meu chefe me emprestou seu carro para que eu voltasse para casa, um Honda Civic. Impressionado com a atitude (e com o carro), fui para casa decidido a levar minha família para jantar naquela noite, pois queria ter o prazer de fazer um agrado a eles. E fomos, Filipe, Heliany, minha querida avó Zulmira e eu para um restaurante, onde aproveitamos o restante do dia juntos, em harmonia.

Eu jamais imaginaria que aquele seria um de meus últimos momentos com a minha avó, que faleceu poucos meses depois e deixou um legado de aprendizado para toda a família e amigos. Ela me ensinou a poupar dinheiro e, acima de tudo, a ser honesto. O falecimento da minha avó foi um dos momentos mais tristes e difíceis para mim e para toda a família. Eu, minha mãe e Filipe éramos muito apegados a ela. Então, imagina só...

No mesmo período, houve a separação dos meus pais, e aí o negócio pegou. Acredito que um turbilhão de sentimentos estava passando pela mente e pelo coração da minha mãe, afinal, a partir daquele momento, eu e meu irmão iríamos começar a depender totalmente do sustento dela. Se naquela época ela já fazia de tudo por nós, depois daquela situação...

A minha mãe chegava a contar moedas de cinco centavos para juntar um real. Ela sempre esteve conosco, sempre fez tudo o que estava ao seu alcance para nos ver bem. Mas, mal sabia ela que a partir dali, quem estava planejando um futuro melhor para ela era eu. As pessoas olhavam para a nossa situação e falavam: "Não sei nem como eles estão de pé", porque realmente foi um tempo muito difícil.

Talvez hoje você se encontre no lugar da minha mãe, ou talvez no meu lugar. Acredite, nada na vida é tão fácil como parece; tudo tem seu preço, seu tempo e seu processo, que precisam ser respeitados e vividos. Eu não cheguei até aqui do dia para a noite. Minha vida não foi um "mar de rosas" sempre. Embora isso possa acontecer com muitos, comigo não foi assim. Nunca foi fácil e nunca será sorte.

Muitos insistem em dizer que o meu crescimento foi rápido demais, e que a minha queda será à altura. Mas, deixa eu te falar uma coisa, sempre existirão pessoas que não conhecem a sua história e acabam falando o que não sabem. Incansavelmente algumas pessoas apontaram o dedo para mim e sei que sempre estarão na torcida para um dia ver a minha queda. Mas essas mesmas pessoas não imaginam ou fingem não saber da dor, do caos e da falta com os quais eu tive que conviver ao longo de anos. Graças a Deus, superei e venci cada um desses obstáculos. Eu me vejo como um vencedor e merecedor disso tudo isso. E realmente sou. Portanto, meu amigo ou minha amiga, não se diminua por causa do que dizem ou pensam de você! As pessoas sempre vão falar; esse é o famoso "mal (que deveria ser o bem) do ser humano".

Entenda uma coisa: nossas palavras produzem sementes e frutos nas nossas vidas e na vida das outras pessoas. Então imagine comigo se eu e você usássemos melhor as palavras.

Em Provérbios 18:21, diz-se: "As palavras matam e geram vida; podem ser veneno ou um doce de primeira — você é quem decide."

Muitas vezes nos encontramos em um "conhecimento teórico" de determinados assuntos como este. E ficamos aprisionado numa verdade que a gente não vive. Pois as palavras que você profere sobre os outros ou sobre as circunstâncias criam perspectivas de forma intencional. As palavras que saem das nossas bocas não são em vão. Quer ver um exemplo? Quando você está sob fortes emoções, que é algo de que devemos ter muito medo, ou talvez quando você está no meio familiar, que é onde nós mais atacamos e somos atacados, pode ser o momento em que você mais se sinta aprisionado. E quero que você pare para pensar que muitas dessas vezes essas "prisões" são mentais. Muitas vezes nos aprisionamos mentalmente, o que é extremamente comum, e logo começamos a viver a partir de palavras que foram lançadas sobre as nossas vidas. Palavras lançadas produzem frutos, frutos esses que não estão alinhados com a palavra de Deus, que gera vida ou morte em nós.

Mas eu não quero agora falar do outro, de alguém da sua família, amigos, ou quem quer que seja que tenha dito algo sobre você. Eu quero falar exatamente sobre o que VOCÊ diz a seu respeito.

Como descrito em Salmos 33:4-9:
"Pois a Palavra do Eterno é sólida, inabalável.
Tudo o que ele faz é sem defeito, por dentro e por fora.
Ele ama quando tudo se encaixa, quando seu mundo está na absoluta verdade.
A terra fica cheia da bondosa satisfação do Eterno.
Os céus foram feitos ao comando do Eterno.
As estrelas apareceram com o sopro de sua palavra.
Ele colocou o mar em seu jarro,
pôs o oceano em seu barril.
Criaturas da terra, prostrem-se diante do Eterno!
Habitantes do mundo, ajoelhem-se!
Eis o porquê: ele falou e ali estava,
no lugar e no momento em que ele disse."

Quero que você entenda que Deus, o Criador, através de Sua palavra, trouxe vida a tudo o que existe, e Ele incansavelmente nos dá o poder e a capacidade de criar circunstâncias diferentes, perspectivas diferentes através da palavra proferida por nossa boca.

Talvez hoje você se encontre em uma posição em que é você mesmo que tem professado palavras sobre si, sobre os seus pais, sobre a vida dos seus filhos, sobre seu chefe, seus negócios, sobre o Brasil, sobre a sua moradia, sobre o seu alimento de cada dia, sobre a sua igreja, enfim, sobre o seu futuro. Eu não sei exatamente quais são as palavras exatas que você tem usado, mas te encorajo a, a partir de hoje, ser rápido para se perdoar e perdoar os outros também, porque a gente não nasceu para colocar ninguém em cativeiro nem para viver em cativeiros. Deus nos chamou para a plena liberdade n'Ele, e isso começa através das palavras proferidas pela nossa boca; há poder em tudo o que declaramos, seja para abençoar ou amaldiçoar.

Eu não sei qual é o futuro que você quer para a sua vida, não sei exatamente o que você tem falado por aí sobre si e sobre as pessoas ao seu redor, mas te convido hoje a fazer diferente, não a "pensar antes de agir", e sim a pensar antes de falar. As palavras podem nos entristecer, mas também nos impulsionar para prosseguir. Por isso, saiba usá-las!

······

Ouço palavras positivas e negativas quase diariamente, e engraçado é que, mais ou menos na mesma época da separação dos meus pais, eu perdi meu estágio no escritório de advocacia, o que me deixou ainda mais abalado emocionalmente. O dinheiro do estágio ajudava muito nas contas de casa e nos meus projetos pessoais. Pensava que estava em um beco sem saída, não conseguia achar soluções naquele momento e me sentia totalmente perdido, como se eu andasse num grande campo de areia movediça e precisasse de muito esforço para não ser engolido. Até que Deus abriu minha visão e, depois do ocorrido, me motivou a abrir meu próprio escritório. Se Deus estava planejando isso, eu teria que me agarrar a esse plano, pois sempre acreditei nos conselhos que recebo de Deus. Eu comecei a ver que precisava colocar as minhas palavras e as que a mim eram liberadas (as boas, claro) em prática.

Abri meu próprio escritório na Asa Norte, bairro do centro de Brasília, e comecei a realizar diligências com meu primeiro advogado, que era de Pernambuco. Assim como foi dito, aconteceu: meu projeto deu muito certo e, em pouco tempo, minha renda começou a aumentar. "Preciso contratar mais pessoas, eu vou montar a maior empresa de diligências do Brasil", pensei e declarei. Em uma das minhas viagens a trabalho, fui a Roraima, estado do Norte do país. Roraima tinha algo de diferente, e não era apenas o clima ou a vegetação, havia um ar de novidade, oportunidades e mudanças que pairava sobre a cidade.

Ao pousar na cidade, respirei profundamente quando desci do avião e senti que minha ida a essa cidade não era em vão, que tinha um propósito, e, qualquer que fosse esse propósito, era maior do que os anteriores...

No início dessa caminhada, enfrentei algumas dificuldades. Por exemplo, não ter as condições necessárias para pagar passagem, hotel e alimentação. Na primeira vez em

NADA NA VIDA é tão fácil como parece; tudo tem seu preço, seu **TEMPO** e seu **PROCESSO.**

que fui para Roraima, recordo-me de ter ficado no pior hotel do local: o chuveiro era frio, não tinha ar-condicionado, o hotel ficava em cima de um forró pesado, e o som estava tão alto... Imagina só! Eu sempre tive o costume de andar com a minha Bíblia; o engraçado é que as camareiras sempre falavam sobre isso, e eu reparava que, ao sair do quarto, sempre deixava a Bíblia aberta em um versículo e, quando voltava, encontrava-a em outro.

Num dia em especial, eu não tinha dinheiro nem para comer e me lembro que tinha uma churrascaria bem na frente do hotel — e quem me conhece sabe que eu amo um churrasco. Mas naquele momento eu não podia ir. Dentro da minha bolsa eu sempre tinha "muita coisa" para comer, que guardava dos lanches do avião. Eu tinha que escolher: almoçar ou jantar. O café da manhã, que geralmente é oferecido pelo hotel quando você fecha as diárias, era uma fartura. Sempre comia mais do que aguentava naquele momento pelo simples fato de talvez não ter mais como comer durante o dia. Então eu sempre procurava aproveitar o máximo! Recordo-me também que eu tinha apenas um terno. Gostaria agora de chamar a sua atenção quanto a isso.

Hoje em dia, eu exijo dentro da minha empresa que as pessoas estejam bem alinhadas, porque lá, atualmente, todo mundo tem condições necessárias para isso. E, se porventura em algum momento não tiver, nós damos um jeito, e eles sabem disso. Naquela época passada eu não tinha condições favoráveis para esse "luxo"; mesmo assim, quando chegava no final do dia, a minha mãe lavava minha roupa, deixando a blusa branquinha, e colocava atrás da geladeira para secar. No outro dia cedo ela passava e lá ia eu mais uma vez com a mesma roupa. O terno na época custava em torno de trezentos reais, e a gravata foi dada. Mas eu estava sempre bem alinhado, o que sempre foi uma exigência minha. As pessoas até brincavam, dizendo: "De novo, Gabriel?" E o meu argumento sempre foi o mesmo: "Sim, eu gosto dele". Eu não falava que ele era o único, pois, para mim, essa era uma forma para que as pessoas não vissem ou imaginassem que eu não estava feliz, ou que estava reclamando da vida. Eu gosto de ter uma visão boa de tudo e todos. E não até que me "provem o contrário", e sim porque tudo o que Deus faz é bom, independentemente de tudo mais.

Como é importante não perdermos nosso poder de admiração. E, acredite, não é uma roupa que vai te definir. Pare e observe. Admirar o estado atual no qual você vive, não custa dinheiro. Mas, se você perder a admiração, isso pode te custar caro. Sim, pode até ter um monte de coisas erradas, bagunçadas, repetidas (igual minhas roupas), mas foque nas coisas boas. Isso ajuda até a ser mais grato. Não está comendo o que queria hoje? Agradeça. Não está vestindo o que gostaria hoje? Agradeça. Simplesmente agradeça, e saiba admirar mais as coisas e os momentos que te cercam. Foque nas virtudes. Não estou falando para fechar os olhos para a realidade, apenas peço para que limpe a poeira dos olhos pra enxergar as coisas de uma forma menos "nublada", menos sombria, aproveite que está limpando os olhos, e limpe a poeira do coração também. E se não enxergar, semeie.

No sindicato dos policiais do Amapá, tomei conhecimento de uma ação que foi feita sobre os impostos que eram cobrados pelo Plano de Seguridade do Servidor (PSS). Comecei a ir muito ao Amapá e a Roraima, e naquela época a situação ainda não era das melhores. Eu sempre recorria ao Aristeu, um grande amigo meu, e pedia sua ajuda para o deslocamento de Brasília a Amapá ou Roraima e vice-versa. Ele sempre me ajudava com isso, e eu só arcava com alimentação e hospedagem.

Em uma das idas a Roraima para resolver esses casos, me recordo que estava trabalhando como em um dia qualquer, colhendo as carteiras dos policiais, e vi que em uma das mesas ao lado havia um outro rapaz trabalhando. Percebi que as pessoas que se dirigiam a ele sempre saíam das conversas felizes e satisfeitas. Foi quando, no final do expediente, resolvi perguntar a ele sobre isso, e então ele me apresentou à compra e à venda de precatórios. Ele mesmo estava lá comprando para os bancos, pois era sócio da empresa que negociava os precatórios.

Para quem não sabe, precatórios federais são requisições de pagamentos que a justiça emite para que municípios, estados ou mesmo a União paguem valores devidos após condenação judicial definitiva. É quando pessoas ou empresas ganham o direito de receber o valor da "dívida" após mover uma ação contra o Estado. A partir do momento que a Advocacia-Geral da União (AGU) reconhece os valores da dívida e ela passa a se tornar um direito creditório, as negociações já podem ser feitas. Após a concordância de todos os cálculos, o juiz sentencia e faz o requerimento da expedição dos precatórios federais. As requisições mais antigas são pagas primeiro. Os títulos federais são mais rápidos e, dependendo do valor e do perfil do segurado, alguns têm atendimento prioritário.

No entanto, o processo para que a pessoa ou empresa consiga receber o valor do precatório não é imediato; ele demanda um longo período. E é essa demora que abre margem para que haja interesse dos investidores em comprar o precatório.

O que torna esse título atrativo para o investidor é a sua capacidade de atualização. Pois, quando o precatório for pago, juros e correção inflacionária incidirão sobre o valor. Logo, o débito aumenta. Sabendo disso, o investidor negocia com aqueles que possuem urgência em receber o dinheiro da dívida, ou que não querem esperar o recebimento do dinheiro sem tempo determinado, e, dessa forma, "compra" o precatório. Futuramente, quando o Estado pagar o precatório, já transformado em um valor maior, o investidor recebe a vantagem do negócio.

Todo precatório tem um "ano de vencimento", que é o prazo para o pagamento ser realizado, de acordo com o artigo 100, parágrafo primeiro, da nossa Constituição Federal. Caso o pagamento não seja realizado até essa data, só ocorrerá no ano seguinte.

Investir em precatórios garante que seu valor vai ser atualizado monetariamente pelo Índice de Preços ao Consumidor Amplo Especial (IPCA-E) com adição de juros, fazendo o débito aumentar. A compra e a venda de um precatório são inteiramente lícitas e você não precisa esperar anos para que seu pagamento seja efetuado. Além disso, você pode receber o valor logo no ato da venda, sem imprevistos. Estar ciente também de que o ente público nunca vai falir te dá a segurança de realizar esse negócio. É uma ótima opção para quem deseja diversificar sua carteira de ativos.

O Grupo Harrison trabalha com precatórios desde 2010. Ele é responsável pela aquisição, pela cessão e pelo intermédio de precatórios judiciais, prezando pela total prudência, segurança e transparência na negociação, desde o primeiro contato até o momento da cessão. E atualmente é a empresa de maior referência em compra e venda de precatórios federais do Centro-Oeste, pela sua estrutura e assessoria jurídica especializada. A empresa intermedeia negócios e tem os precatórios como especialidade da casa.

Voltando ao rapaz no escritório de Roraima, ele me fez então um convite:

— Você topa fazer uma caminhada comigo amanhã cedo?

Quando me dei conta, no dia seguinte estávamos juntos no parque. Eu não tinha levado roupas próprias para praticar esportes, mas dei um jeito de comprar na noite anterior. É lógico que eu iria encontrá-lo. Aquela manhã no parque foi um dos momentos que mudou a minha vida para sempre. Enquanto andava pelos caminhos entre as árvores e contemplava o voo dos pássaros, eu sabia que também poderia voar em breve, livre e alto. Era isso que Deus me falava o tempo todo, e era isso que me motivava o tempo todo.

Eu me interessei muito pelo negócio. Durante essa caminhada, ele me explicou detalhadamente como funcionava a compra e a venda dos precatórios. E me recordo que, após essa conversa, uma das primeiras pessoas para quem liguei foi o Aristeu. Lembro de ter lhe perguntado se ele já tinha ouvido falar sobre precatórios. Naquele momento, eu estava tão feliz por aprendido algo que eu sabia que iria mudar totalmente a minha vida. E realmente mudou.

Após alguns quilômetros de caminhada, questionei: "Beleza, você já me explicou tudo... E agora, como eu posso te ajudar?". E ele respondeu que, se eu quisesse comprar precatórios, teria que ir atrás deles. Poderia ser qualquer coisa, bastava ligar para ele, pois então ele daria um jeito de negociar para mim, ele ganhando tanto e eu, tal. Durante os anos da minha vida em que fui apenas um estagiário de Direito, tive contato com vários sindicatos de polícia e fiz muitos amigos, principalmente na região Norte do Brasil. Recordo-me que, durante essa conversa, perguntei o que ele achava do Amapá, pois naquela época iriam expedir nesse estado mais de 350 milhões de reais em precatórios. Ele automaticamente respondeu que de fato era um dos melhores precatórios que ele já tinha visto, porém ninguém entrava lá pra comprar, pois nenhum banco havia sido autorizado.

Conversa vai, conversa vem, decidimos apresentar o processo do Amapá para a Precamil, uma empresa especializada em compra, venda e agenciamento de precatórios, para que eles pudessem comprar os do Amapá. Foi dito e feito: eles compraram pelo banco. Na reunião, explicamos tudo para o pessoal, apresentamos o processo direitinho, e eles, sem hesitar, acharam muito interessante, imediatamente entraram em contato com o banco, que apresentou uma proposta. Nessa ocasião, o Aristeu combinou comigo que eu teria que ir até o Amapá para dar continuidade a esse projeto.

. . . .

O Aristeu me conhece há mais de vinte anos, quando eu ainda era muito pequeno. Ele e meu pai trabalhavam juntos e gostavam de sair para pescar, até que um dia eles marcaram uma pescaria, e o Aristeu levou os dois filhos do primeiro casamento dele. Eu e esses filhos somos mais ou menos da mesma idade. Sabe o famoso "menino catarrento?" Pois é, esse era eu. Acredito que eu tinha 8 ou 9 anos de idade, e desde então ele continuou me encontrando várias vezes — na verdade, a mim e ao Filipe, meu irmão.

Ele sempre foi um bom amigo. Durante os dois meses em que estive no Amapá, ele sempre manteve contato comigo para saber se estava tudo bem. Deus me deu um grande presente (entre os vários já recebidos): conhecer alguém tão puro e bom! E o Aristeu não é bom só porque faz coisas boas, ele é bom porque simplesmente é. Ele dividia e ainda divide comigo tudo que tem valor, e também o que não tem. Ele divide muito mais: seu tempo, suas tristezas, conquistas, angústias, dúvidas, fraquezas... Divide sua força, sua atenção, seu carinho e sua cumplicidade... E eu divido o mesmo com ele! Ele é alguém que dividiu até sua família, que hoje é minha também! Não, ele não é o amor da minha vida. Ele é o cara que me ensinou o que é ser o AMOR da vida de alguém, e como valorizar por meio de atitudes esse amor e o cuidado com alguém. O Aristeu é um amigo querido, cheio de defeitos. Sendo assim, aceita os meus defeitos também. É também um cara cheio de virtudes. Sendo assim, sabe apreciar as minhas também. Eu creio que Deus o colocou em meu caminho para me ensinar o que é ACEITAÇÃO (no sentido mais puro e real da palavra). Não sei por que falei tudo isso, ou por que o descrevi de forma tão breve, mas tão significativa. Acho que queria apenas repassar tudo que aprendi. Porque eu já tive pessoas, amigos e familiares que tiveram meu amor, mas nunca dividiram nada DE VALOR (o que EU considero valor) comigo. Nunca SE dividiram comigo. Se davam, mas não por inteiro, não para sempre. Com o Aristeu sempre é tempo de aprender! Obrigado por sua amizade, meu querido amigo, Aristeu.

 De Brasília, ele manteve contato com o ex-presidente do sindicato, que ia me recepcionar e me dar uma assistência durante a minha viagem. Mas, naquele momento, existia um pequeno problema, pois, como já estava afastado do sindicato, o ex-presidente não deu muita importância para a minha ida. Quando fui procurá-lo, ele deu uma ajuda "superficial" e me deixou sozinho. Com isso, fiquei cerca de dois meses sozinho no Amapá para comprar os precatórios para o banco. Como era no começo, eu estava sem nenhuma verba, e resolvi mais uma vez recorrer ao meu querido amigo Aristeu. Fiz uma proposta para ele, dizendo que, se ele me auxiliasse, assim que eu chegasse dessa viagem eu iria dividir todos os lucros recebidos com ele. E, assim, ele meu deu todo o dinheiro de que eu precisava.

Quando eu voltei para Brasília, passei na casa dele e disse: "Fechamos as negociações, e eu vou te dar a metade de tudo o que recebi". O que eu não esperava era ouvir o que ele disse naquele momento: "Gabriel, eu não quero saber quanto é que deu, você me paga só o que eu te emprestei. Não vamos dividir lucro, você foi lá e trabalhou. O dinheiro é seu".

Certa vez ele chegou pra mim e disse: "Gabriel, esse negócio de precatório é bom demais. Faz o seguinte, cara: vê se você arruma uns vinte investidores, cada um colocando um determinado valor, com isso você vai ter uma renda anual muito boa e, consequentemente, levará uma vida muito boa". Isso me fez pensar e agir bastante, tanto que, na semana seguinte, ele falou comigo novamente e perguntou como estavam as coisas, e, acredite, eu já tinha encontrado mais vinte investidores. Ele não acreditou, pois tinha falado comigo sobre isso há apenas uma semana.

No meu escritório, depois de um tempo de sociedade com o advogado, por não estarmos tão alinhados e com a mesma visão, certo dia ele desfez a sociedade por telefone. Isso me deixou bastante chateado, e toda essa situação me deixou desmoronado. Liguei para o Aristeu, e ele, sem hesitar, mais uma vez foi ao meu encontro. Ele ainda estava no trabalho, afinal, isso era por volta das duas horas da tarde, mas saiu do sindicato e foi me encontrar em Planaltina. Ele foi me buscar e saímos para conversar; lembro-me de ter ficado tomando cerveja até mais ou menos meia-noite (nessa época nós bebíamos), conversando e conversando, e fiquei mais aliviado. Muitos foram os conselhos que ele me deu naquela noite. Naquele momento, ele virou para mim e disse: "Faz o seguinte, não mexe com esse negócio não, deixa que eu vou resolver isso. Estou para receber mais um dinheiro e, quando eu receber, vou te dar de presente. Eu vou te dar um carro. Qual carro você quer?". Eu me lembro até hoje disso, inclusive, escolhi um Fiat Palio... Eu não tinha tanta certeza de que iria realmente ganhar o carro, e, quando o questionei mais uma vez, ele falou: "Se eu estou falando que vou dar, eu vou dar, no meio do ano vou te dar o carro. Nós vamos fazer o seguinte: assim que eu receber esse dinheiro, em um mês eu darei a metade e no outro o restante, e você compra o carro".

Eu não cheguei a comprar o carro com esse dinheiro, pois, na mesma época, eu tinha comprado um lote de terreno e iria começar a construir a minha primeira casa.

A história sobre a compra e a construção da minha primeira casa acendeu minha fé e minha coragem. Na época em que tudo o que relatei estava acontecendo, surgiu essa oportunidade de comprar o lote. Comprei, dividi em várias parcelas, atrasei algumas delas, mas fui pagando do jeito que podia, e demorou em torno de um ano e meio para quitar todo o lote.

Nessa mesma época, tinha um amigo que possuía um Gol branco, e ele estava passando por umas situações difíceis na vida e não conseguia pagar as prestações do carro. Foi quando perguntei a ele por quanto ele estava disposto a vender o carro, e ele me falou que o carro tinha sido parcelado em sessenta vezes e ele estava na trigésima terceira prestação, mas ele só tinha pagado duas prestações. O banco estava atrás dele e o carro estava escondido em outro lugar. Estava disposto a vender o carro por três mil reais, que era valor que ele havia pagado, e a pessoa que comprasse apenas assumiria o restante das prestações.

Daí virei para ele e falei: "Vamos fazer melhor: eu vou te pagar cinco mil, só que eu vou te dar dois mil agora para te ajudar e vou tentar renegociar as prestações do carro". Foi quando eu vi outra grande oportunidade de negócio. Entrei em contato com uma das funcionárias do banco e ela me informou o valor que faltava para quitar o carro. Eu disse para ela que o carro estava batido e que o cara que tinha me vendido não tinha o dinheiro para pagá-lo, e então fiz para ela a proposta de quitar o carro por seis mil reais (o carro valia em torno de dezoito mil reais na época). Ela recusou a proposta de primeira, mas não desisti e então resolvi fazer outra proposta, mas dessa vez diminuindo o valor. Isso mesmo, eu comuniquei a ela que estava disposto a pagar três mil reais e, se eles quisessem, teriam que entrar em contato comigo, pois naquele momento eu iria desligar o telefone. Imediatamente ela pediu que eu não desligasse, e solicitou que eu encaminhasse a proposta que havia feito. Ela encaminhou para os seus supervisores a proposta de três mil reais e, acredite, no outro dia foi aprovada. Eu não tinha esse dinheiro também, mais fui atrás, arrumei os três mil reais e paguei o boleto do carro. Com três mil reais para quitar o carro com o banco, mais cinco mil reais para pagar meu amigo, deu no total oito mil reais.

Assim que quitei todos esses débitos, resolvi colocar no carro a plaquinha de "vende-se", colocando o preço "De R$ 18 mil por R$ 16 mil". Eu pensava: "Cara, eu preciso desse dinheiro, preciso pagar minhas contas". Um dia, eu estava em um açougue quando passou um menino, um jovem bem franzino, com mais ou menos 18 anos de idade, e ele falou: "Eu sei quem compraria seu carro". Pensei comigo: "Ah, rapaz, sabe nada". Ele continuou: "Só que é o seguinte: eu quero quinhentos reais se conseguir vender seu carro". Falei: "Meu amigo, fechou". Foi então que ele me levou até a casa do pastor Luiz, que olhou o carro e falou: "Você está pedindo quanto?" Respondi: "Dezesseis mil, só que tem que dar quinhentos para este rapaz aqui". Daí ele falou: "Eu também tenho que dar quinhentos". O pastor Luiz ofereceu catorze mil no meu carro; aí pensei, fiz as contas e vi que, se eu vendesse por catorze mil, ainda iria sair no lucro, então vendi para ele. Ele perguntou qual era minha conta e depositou o dinheiro na hora.

Quando deu fé, eu estava no outro dia batendo na porta dele para vender outro carro, e ele então me chamou para almoçar na casa dele. No almoço, perguntei o que ele fazia da vida, e ele me respondeu que construía casas, mas estava cansado, porque o povo dava trabalho demais e ele não queria mais mexer com isso. Daí virei para ele e falei:

Para mim,
a **MELHOR COISA**
que o meu chefe

fez naquela época **FOI TER ME DEMITIDO.**

"Pois você vai construir minha casa. Eu vou juntar dinheiro e você vai construir minha casa". Ele conta até hoje que olhou para mim e pensou: "Oh, meu Deus, está vendendo um carro aqui desesperado e está falando que vou construir a casa dele". Mas, na hora, ele me pediu para ir até o meu lote. Quando o levei até lá, ele falou: "Rapaz, tá com visão, hein?". E eu falava para ele onde seria a piscina, a área de churrasqueira, que em tal lugar seria uma sala ampla, tudo do jeito que minha casa é hoje. No dia em que eu pisei o pé no terreno com o engenheiro, eu falei como seria minha casa, e aí falei para o pastor Luiz: "E eu vim aqui já ungir, está cheio de óleo ungido dentro do meu lote". Virei para ele e continuei: "Daqui a um ano eu começo a construir". Passaram os tempos e começaram as obras. Mandei para o lote uma carreta de areia e outra de brita, e na minha cabeça isso seria o suficiente para construir a casa toda.

Comprei um caminhão de tijolos com oito mil milheiros, e esses tijolos só deram para construir o muro, que era grande demais. Mas Deus é fiel na minha vida e a obra nunca parou. Desde o dia em que Deus me deu condições para levantar o primeiro tijolo, só parei quando a obra foi concluída. Quando o muro estava acabando, eu pensava: "Caramba, cadê o dinheiro?", aí Deus me abençoava com mais um trabalho, um serviço, e eu ia colocando na minha obra o dinheiro das minhas diligências e construindo a casa. Fiz a casa dos meus sonhos em um ano. Levei um ano para pagar o lote, um ano para juntar dinheiro e iniciar as obras e um ano para construir.

Há pessoas que trabalharam para mim na obra da casa e que trabalham para mim até hoje. Aconteceu o seguinte: todo mundo que batia na porta do pastor Luiz que falava que estava passando por alguma dificuldade, ele levava para trabalhar na minha obra. A pessoa nem sabia mexer com obra, mas ele levava para lá. Comecei então a ver que era muito mais que uma obra, eram vidas transformadas ali. Tinha pessoas nas drogas, pessoas que recém-saídas da prisão, iam para lá trabalhar e saíam transformadas. Hoje estão trabalhando, são pais de família, e cinco deles ainda trabalham para mim, fazem uma diariazinha ou outra. O Leandro e o Eudes, que são do Maranhão, são fiéis a mim e estão comigo até hoje. Os meninos da fazenda me veem não como chefe deles, e sim como um pai. Sempre falam isso para mim, que o que eu fiz por eles nunca ninguém fez. Gosto muito deles, de estar perto. Nos momentos de caos, até mesmo no início da construção da casa, tive uma família e uma esposa (atualmente ex) que nunca acreditaram nos meus sonhos. Para tudo que eu contava, ninguém me dava moral, não acreditavam em nada. Várias vezes saí chorando por iniciar uma conversa e o cara falar: "Lá vem você de novo com essa conversa".

 Viver diariamente situações como essa nos param, desorientam e tiram do foco o principal e maior objetivo. Eu precisava me livrar dos tempos difíceis que ainda me rondavam. Eu queria uma reviravolta, e foi isso que busquei.

 Assim que retornei para Brasília, arrumei a minha mala, liguei para o presidente do sindicato do Amapá e falei:

"Olha, preciso de uma conversa com o senhor hoje, só estou pegando um avião e já chego aí para a gente almoçar". E lá fui eu. Tudo mais uma vez ia depender das palavras que eu iria usar, e não tive medo de usá-las. Sabia que ali, naquela reunião, eu poderia plantar o que quisesse pelo poder da palavra. E então começamos a conversar. Apresentei todas as oportunidades que tinha em mãos, deixando transparecer que precisaria da ajuda deles. Disse que isso poderia ajudar os policiais, trazendo recursos para o estado deles.

E o que eles só iriam receber depois de um ano, poderiam receber em poucos dias, com deságio, mas seria bom para quem estivesse precisando do dinheiro com mais rapidez.

Sem hesitar, ele disse que liberaria para mim. Disse também que vários bancos tentaram vir, fundos de investimentos, até grandes empresários, e fechou a porta para todos, mas para mim ela estaria aberta. E foi assim que eu bati a maior meta do banco e de todos os corretores do Amapá. Comprei precatórios onde ninguém havia comprado antes.

É engraçado, que tendo sido mandado embora do escritório de advocacia, aquele era o momento em que eu mais precisava de dinheiro. As pessoas, às vezes, quando são mandadas embora, logo se desesperam, se largam, querem "matar" o chefe. Mas não foi o meu caso. Para mim, a melhor coisa que o meu chefe fez naquela época foi ter me demitido para colocar a filha dele no meu lugar. Pois só havia duas mesas e ele tinha que colocar alguém.

Eu imagino que, se na hora eu estivesse resistido, ele com certeza mandaria eu voltar. Eu talvez não tivesse chegado até onde cheguei, não teria conquistado o que conquistei em Roraima; sem muito pesar, teria tomado um outro caminho. Por isso sempre digo: valorize o que você tem hoje, pois nunca poderemos tocar na mesma água duas vezes. A água que já passou nunca passará novamente, assim também são as oportunidades.

A Bíblia diz:

"No princípio Deus criou os céus e a terra. Era a terra sem forma e vazia; trevas cobriam a face do abismo, e o Espírito de Deus se movia sobre a face das águas. Disse Deus: 'Haja luz', e houve luz." (Gênesis 1:1-3)

Pela palavra de Deus tudo se fez, e a gente precisa entender o poder que a palavra tem. As palavras que soltamos são reflexo do que pensamos e sentimos e têm um poder enorme tanto para curar e fazer acontecer quanto para destruir ou amaldiçoar. Na maior parte das vezes, não medimos realmente o impacto que uma palavra pode ter. O meu pai desejou algo e suas palavras refletiram diretamente no meu comportamento durante um bom período da minha infância. Por isso, seja, sim, ousado quando for falar algo a seu respeito, quando for declarar palavras sobre seu presente ou futuro. Acredite, e a palavra que sair da sua boca vai acontecer!

· · · · · · ·

Lembro-me que uma vez meu pai me contou uma história de quando minha mãe ainda estava grávida. Ele estava cortando o cabelo e viu um menino bem danado no salão. Naquele momento, profetizou que queria que seu filho fosse daquele jeito, bem levado mesmo, e sua fé foi tão grande que isso realmente aconteceu.

Devido ao meu mau comportamento na escola e por não levar muito a sério os estudos, eu acabei sendo reprovado na 1ª série do ensino fundamental. Minha professora tomou birra de mim, mas birra mesmo, tanto que, em uma das reuniões de pais, ela chegou a perder seu controle emocional, afirmando com toda certeza que iria me reprovar.

Essa foi uma pequena demonstração que pode nos fazer parar para pensar. As palavras não são somente sobre *o que* você diz, mas também sobre *como* diz. Se algo assim, tão simples, pode te afetar somente ao falar, imagine algo muito negativo, como "Eu não posso nada, eu não tenho nada, eu não consigo nada, eu não sou ninguém", ou até mesmo "Eu quero morrer" (é, peguei pesado, mas é preciso chamar a atenção para essas coisas). Quantas vezes falamos tantas coisas sem pensar e depois ficamos com raiva e sem entender por que elas acabaram acontecendo. Não nos damos conta de que fomos nós quem as "pedimos". Especialmente em momentos de raiva, dizemos tantas coisas das quais nos arrependemos mais tarde. Falar sem pensar é perigoso. Portanto entenda uma coisa: as palavras têm poder e elas são poderosas demais para você não saber usá-las.

Eu não sei quais foram as palavras que você disse a seu respeito, eu não sei quais foram as palavras que disseram a seu respeito. O que eu sei é que, a partir de agora, elas não fazem mais parte de você, elas não vão mais te definir. Acredite.

E, antes de prosseguir para o próximo capítulo, te convido a dizer algumas verdades sobre si próprio. Não sei onde você se encontra agora, mas não deixe de declarar a verdade hoje sobre você, ou em qualquer outro momento que for necessário. Está preparado? Respire fundo, e vamos lá!

EU SOU O QUE DEUS DIZ QUE SOU.
E eu nunca mais serei o mesmo porque Deus diz que não sou o mesmo.

EU ACREDITO!
Serei tudo o que eu quiser ser, farei tudo o que eu quiser fazer.

PORQUE DEUS ESTÁ COMIGO, *e eu tudo posso n'Ele.*
Eu mudei, o meu futuro mudou, e eu estou preparado para ele!

Agora chegou a sua vez: na página a seguir, escreva em uma coluna cinco palavras que você tem usado constantemente para sabotar seus sonhos, projetos e metas. Do outro lado, escreva cinco palavras antônimas das que você escreveu. É fundamental repensar sobre o que falamos e como falamos, mudando assim o nosso comportamento para atitudes positivas, para palavras que geram vida, e não morte! Eu te encorajo a riscar da sua vida palavras como "difícil", "não consigo", entre outras, e substituí-las por "fácil", "eu consigo".

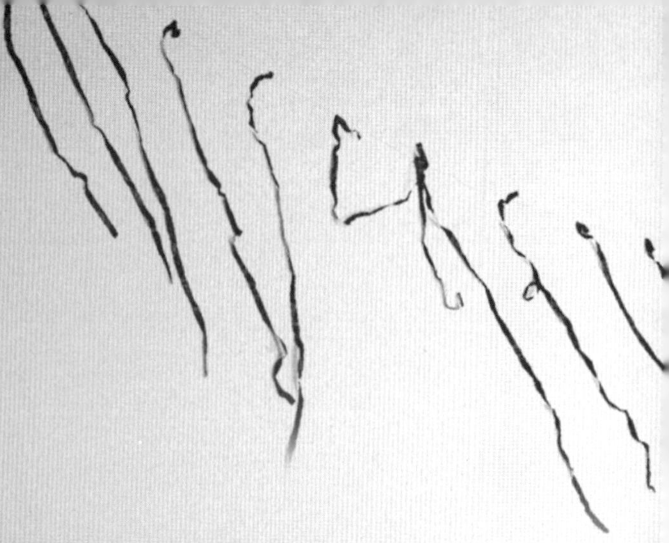

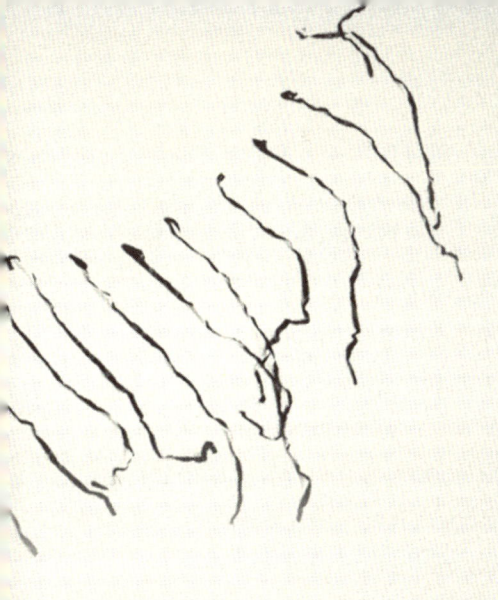

3. A SUA HISTÓRIA IMPORTA

Desde muito novo, o Senhor vem confirmando a minha vocação através de pessoas e/ou situações com as quais me deparo. Vocação é um dom dado por Deus para cada um de nós. É muito importante ter ciência de que, durante a nossa vida, iremos caminhar por caminhos de descobertas. Algumas pessoas passam anos sem saber qual é a sua vocação, outras, já desde criança, seguem o caminho necessário, e só terão que se aperfeiçoar. Encontrar o meu propósito foi exatamente o que eu precisava para ir ao próximo nível.

Minha mãe sempre foi uma mulher de oração. Sempre. Uma vez ela estava em um momento de oração com uma pastora, que sentiu no coração que devia fazer uma oração por mim. "Deus tem algo para falar com ele", disse a pastora. Como eu não estava com elas, a minha mãe teve que me ligar, e assim o fez. Ela começou a orar e dizer que eu ainda seria muito conhecido, que naquele mesmo momento Deus estava mostrando a ela muitos computadores, uma sala enorme e muitas pessoas teclando. E, ao mesmo tempo que essas pessoas estavam teclando, ao lado tinha uma máquina de dinheiro, de onde estava saindo muito dinheiro, muito dinheiro mesmo. Eu me recordo bem daquela promessa feita sobre o meu futuro e eu mal sabia que tudo aquilo estava mais próximo do que eu imaginava. E assim foi, não demorou muito para as coisas começarem a desenrolar e então a se encaixar. Ouso dizer que foi melhor do que o prometido! Porque Deus faz assim, Ele sabe nos surpreender.

Uma coisa que Deus sempre me fala, individualmente ou através de promessas, é que o que ele tem me dado serve para ajudar o próximo. Que não pedirei emprestado, mas emprestarei. Que não terei falta e também não deixarei que os outros tenham. Porque tudo o que ele me entregar dificilmente será só sobre mim e para mim. Hoje eu entendo que, seguindo a lógica das promessas que a mim foram feitas, eu preciso fazer com que outras pessoas não apenas vejam e tenham a minha ajuda, mas que alcancem o que eu alcancei, cheguem onde cheguei e acreditem que podem conquistar até mais. Eu sempre estarei aqui e ficarei feliz por isso!

Eram promessas de que eu teria ideias extraordinárias, que eu não me preocuparia com nada porque Deus sempre estaria comigo, que, mantendo o foco n'Ele, tudo iria bem — não de forma fácil, mas bem e leve o suficiente para eu prosseguir. Porque eu passaria por muitos empecilhos, dificuldades e barreiras, mas teria um propósito, que é levar oportunidades, esperança e prosperidade para as pessoas. Hoje eu vejo que tenho autonomia suficiente para levar tudo isso para as pessoas, porque Ele tem me confiado coisas grandes e eu tenho confiado coisas grandes a muitas pessoas! Por vontade própria, sem esperar por um retorno.

Promessas que Ele me fez e que hoje eu já posso ver acontecendo. Sei que muitas ainda estão por vir. Ele me levaria aos quatro cantos do Brasil para falar do que Ele me confiou, e que eu estaria entre os grandes, pois Ele preparou para mim uma cadeira de honra. Ele nunca especificou onde eu estaria ao certo, mas Ele me quer lá! Às vezes, não é que eu não queira certas promessas, algumas não me brilham os olhos, afinal, muitas delas são grandes demais e até impossíveis. Mas uma coisa é certa: Ele sempre promete que estará comigo, confirmando que eu não preciso ter medo, porque Ele me ajudará.

......

Neste capítulo, vou contar para você algumas histórias de amigos, que de alguma forma me ensinaram algo tão relevante que percebi que cada pessoa tem a sua própria trajetória de vida. Às vezes, você, assim como eu, já viveu várias histórias incríveis com várias pessoas, que começam ou terminam bem, ou não. E que, infelizmente, na cabeça da pessoa foi apenas mais uma entre tantas. Não sei se as pessoas tratam tudo como só "mais um dia" ou se sou eu que trato tudo como mais um dia "especial demais". É que Deus, com suas promessas me faz enxergar as coisas assim, me faz ver que cada um tem sua singularidade.

Vamos voltar à minha juventude. O tempo foi passando e, mais ou menos dos 15 para 16 anos, comecei a ter vários amigos, assim como muitos adolescentes. Mas eu também tive um que eu posso dizer que era meu melhor amigo. Hoje em dia eu não tenho contato com ele, na verdade, nem sei o que aconteceu com ele, pois ele sumiu da minha vida. Mas, naquela época, ele dormia em casa e eu dormia na casa dele. Em uma das vezes em que fui dormir na casa dele, nós estávamos dentro do quarto, quando ele tirou um cigarro da bolsa e me chamou para fumar maconha. Aquela foi a primeira vez na minha vida que vi maconha.

Ele fumava e me oferecia. Naquele momento, imagina só, muita coisa passou pela minha cabeça. Tudo novo, com a curiosidade de um adolescente, enfim, tudo era favorável para que eu fizesse o mesmo que o meu melhor amigo naquele momento. Acima de tudo, no entanto, eu sabia que aquilo não era correto, e naquele momento senti que algo estava errado. Recordo-me que fui embora e cheguei em casa desesperado. Contei para meu pai o ocorrido e que eu não queria mais amizades desse tipo na minha vida, afirmando que nunca mais queria dormir na casa desse amigo nem que ele viesse dormir na minha.

Em momentos como esse, em que temos uma escolha na palma das nossas mãos, é necessário pensar com calma. Principalmente quando algo fere os princípios que nos foram entregues dentro de casa. Não importa onde você nasceu, o que teve ou o que não teve! Não é sobre isso. De uma coisa tenho certeza: foi entregue a você pelo menos um princípio e, acredite, você o levará por toda a vida; mesmo que por algum tempo não lhe dê a importância necessária ou o perca, certamente retornará a ele e o viverá plenamente. Sabe por quê? Porque princípios não são negociáveis, assim como escolhas e atitudes corretas também não o são.

Assim como essa, por "pequena" que seja, nós sempre temos escolhas e decisões para serem tomadas a longo prazo ou imediatamente durante a nossa vida. Só Deus sabe onde eu estaria se naquele momento eu não levasse tão a sério algo tão importante como o princípio.

Encontrar o
MEU PROPÓSITO
foi exatamente

o que eu precisava para ir ao **PRÓXIMO NÍVEL.**

......

É como eu disse nos capítulos anteriores, sobre a importância de saber com quem se conectar e o quanto as pessoas têm para somar na nossa vida. Certa vez, algum tempo depois desse acontecimento, já era tarde da noite, meus pensamentos me incomodavam. Fui encontrar o Kassio, que provavelmente já se encontrava em sua cama, confortável debaixo de suas cobertas. Chegando na casa dele, olhei para a janela do seu quarto e joguei uma pedrinha para que ele me ouvisse. Como de costume, a pedrinha já dava a ele a certeza de que era eu lá fora. Eu tinha acabado de sair da igreja e esperava pacientemente, encostado no meu Gol cinza. "Posso entrar?", perguntei. Minha Bíblia estava nos meus braços. Geralmente, quando eu aparecia assim, sem aviso, era porque eu precisava ouvir uma palavra de apoio. Sentávamos e eu desabafava sobre minhas dificuldades, enquanto meu grande amigo ouvia atentamente. Era costume fazermos uma oração ou lermos um salmo antes de cairmos no sono, quando nos dávamos conta, já era madrugada. Eu acabava dormindo na casa dele, pois assim me sentia mais tranquilo, sentia que havia pessoas que acreditavam em mim, pessoas que queriam meu bem, meu sucesso, e precisava mantê-las por perto. Eu sabia que, com o poder da oração, conseguiria o que eu quisesse.

Eu conheci o pastor Luiz Carlos em 2014, quando precisava vender meu carro para pagar algumas coisas urgentemente. Vocês lembram daquele rapaz no açougue?

Então, ele me apresentou o Luiz, que se tornaria para mim um grande amigo e conselheiro espiritual, como comentei no capítulo anterior. O Luiz sempre me falou que eu sou um visionário nato, que eu pensava muito à frente do meu tempo e confessava uma fé diferenciada entre milhares de cristãos que ele conhecia.

Eu cresci sabendo que Deus era tudo da minha vida e nunca ousei tomar decisões sem consultá-lo antes. Mesmo quando tudo parecia estar desabando, quando tudo parecia errado, eu sabia, de alguma forma, que aquilo que estava acontecendo era para um propósito maior. Sempre coloquei Cristo à frente de todas as outras coisas. Orava e orava até receber a resposta de que precisava, não importava se eu passasse a madrugada inteira de joelhos ao lado da cama.

Certo dia, eu estava na faculdade com muita fome, pois eu estudava à noite e tinha passado o dia inteiro trabalhando, estudando, e mal tinha conseguido parar para comer alguma coisa. Com o estômago já dolorido, fui até a lanchonete e pensei em comprar uma coxinha de frango. Quando coloquei a mão no bolso para retirar o dinheiro, vi que não tinha o suficiente, e sim apenas o dinheiro para voltar para casa de ônibus. Ter que decidir entre comer e voltar para casa me deixou mais chateado do que eu imaginaria. Decidi ir para casa naquele instante e, no caminho, pensava: "Meu Deus, será que vai ser sempre assim?". Entrando no ônibus, percebi que ainda faltavam cinquenta centavos para completar o valor da passagem, e o motorista não me deixou continuar, pedindo que eu descesse na próxima parada.

Eu passava por um momento muito difícil. A situação financeira da minha família não estava boa. Nessa época, minha avó já tinha descoberto o câncer, e, quando um dia ruim chegava, dava a impressão de que não seria apenas um dia, mas uma vida ruim, mesmo que tentasse me convencer de que isso não era verdade.

Nessa ocasião, já era praticamente meia-noite, e a cidade dormia. Eu me encontrava sozinho, longe de casa, sem dinheiro, com fome, sem saber como voltar. Chorei. O peso das dificuldades já me doía as costas. Não acreditava que aquilo estava acontecendo. Recorri a Deus novamente e falei a Ele que, caso fosse necessário, eu voltaria para casa a pé, o que levaria pelo menos quatro horas de caminhada. Decidi novamente procurar algum dinheiro jogado na minha mochila e, quando já quase desistia, achei o valor que precisava. Peguei o último ônibus da noite, no último minuto, e consegui voltar para casa.

Luiz Carlos me falava de vez em quando que eu sou uma ovelha, que tenho um coração diferente, com uma alma que desponta o espírito de um novo pastor. Porém não seria o pastor que prega na igreja, mas o pastor que sai pelo mundo passando a palavra de Deus e transmitindo a paz. E que honra a minha! Ter o dom de se preocupar e, o mais importante, passar uma palavra de incentivo e carinho. Muitas pessoas apenas falam por falar, outras falam com a intenção de mudar, de causar impacto. Seja uma dessas!

O pastor Luiz sentia que Deus ia me surpreender em muitos aspectos. Muitas vezes eu precisava viajar para resolver problemas, pegava a minha mochila cheia e, sofrendo, eu dizia a ele: "Meu amigo, vamos orar, porque tem que dar certo!". A fé me movimenta, e em momentos bons e ruins eu sempre peço a opinião do Senhor, porque é isso o que importa para mim. Eu e o pastor não nos encontramos frequentemente, mas a nossa amizade nunca muda, assim como nossas raízes. Eu aprendi sobre a humildade e Deus me presenteou com o crescimento.

Eu amadureci muito rápido, e não foi porque eu quis. Precisei amadurecer, pois, ainda pequeno, vivi dificuldades, e cresci ainda as vivendo, só que dificuldades de outros tamanhos. É totalmente verdade a história de que com o tempo chegam as responsabilidades, mas com as responsabilidades também chegam as conquistas. Em alguns momentos da vida, eu não tive o apoio de familiares e amigos, mas sei que, quando estamos atrás de um sonho, não importa se há uma pessoa ali para te botar para cima ou não, o que importa é seguir em frente, sem olhar para trás, e provar que vai funcionar se você apenas continuar.

. . . . . .

Houve uma época em que o Filipe, meu irmão, por incidências da vida, se envolveu com drogas. Foi um grande susto para toda a minha família. Sempre fomos muito próximos, e eu decidi que não queria ver meu irmão e meu maior companheiro naquela situação. Como não queria perdê-lo, comecei a orar incessantemente. Fui repassando a ele de tempos em tempos as palavras que ouvia de Deus em minhas orações, aconselhando-o.

Muitos foram os que o julgaram. E, sabe, essa foi a única vez na minha vida que eu posso dizer que parei no tempo, por cerca de dez meses, quando eu vi que não poderia, nem iria, prosseguir sem o meu irmão comigo. Eu até brinco que esse foi o "único voo em que a águia voltou". Naquela época, não tinha nem trabalho para ele, mas comecei a pensar o que eu poderia fazer para auxiliá-lo.

Recordo-me bem que, na época em que o Filipe foi preso, os primeiros voos que eu fazia para o Norte passavam em cima do Complexo Penitenciário da Papuda, prisão onde ele estava. E, só de olhar para baixo e ver que em algum lugar ali estava ele, eu chorava muito. Logo, em oração, eu falava com Deus que ainda iria buscá-lo e que não aceitaria que aquele fosse o fim para ele. Todas as quartas-feiras eu ia visitá-lo, e nunca deixei de visitá-lo. No primeiro dia que fui até lá foi quando realmente a minha ficha caiu e o vi. O meu mundo parecia desabar sob meus pés; por instantes pensei que não ia suportar. Só quem já passou por essa experiência sabe exatamente que sensação horrível é essa. Nesse dia, ele olhou assim, meio desconfiado, e as lágrimas escorreram de seus olhos. Estávamos minha mãe e eu, e ele pediu que não olhássemos para o lado, não olhássemos para ninguém, só para ele, e que não chorássemos, porque se ele chorasse ele iria apanhar mais à noite. Foi quando, discretamente, ele levantou sua blusa, revelando que estava todo machucado, de tanto que ele tinha apanhado dos outros lá dentro no primeiro dia, porque descobriram que ele era filho de policial. Quando aconteceu tudo isso, nós mal tínhamos condições de colocar gasolina no carro, e às vezes eu e minha mãe deixávamos de comer na estrada, mas queríamos poupá-lo de se preocupar com qualquer "dificuldade" pelas quais porventura estivéssemos passando.

O máximo que poderia levar por visita a cada semana era uns 130 reais, se não me engano. Como a situação não estava tão favorável, um dia chegamos a levar todo esse valor em moedas, pois tivemos que sair catando essa soma.

Fora daquele lugar, continuávamos tentando encontrar uma forma de tirá-lo dali, e finalmente conseguimos fazer a transferência dele, o que foi muito melhor para ele. Fiz tudo com calma, sempre quando era possível, mas entendendo que aquele momento era dele, que era um momento de tratamento e eu não poderia atrapalhar. Eu ia visitá-lo e pedia sempre a Deus que fizesse por ele e nele o que eu não poderia; às vezes eu ia e, quando chegava lá, via que não era a hora de ele sair. Eu sabia que tinha uma hora certa! E realmente sempre tem.

Em Eclesiastes 3:2-8, diz-se exatamente isso:
"Há hora de nascer e hora de morrer,
Há hora de matar e hora de curar,
Há hora de destruir e hora de construir,
Há hora de chorar e hora de rir,
Há hora de fazer amor e hora de se abster,
Há hora de abraçar e hora de afastar,
Há hora de ganhar e hora de contar as perdas,

Há hora de segurar e hora de largar,
Há hora de arrancar e hora de consertar,
Há hora de calar e hora de falar,
Há hora de amar e hora de odiar,
Há hora de iniciar a guerra e hora de paz."

Quando o Filipe saiu da prisão, ele ganhou *in dubio pro reo*. E muitos duvidaram de tudo o que estava acontecendo. Mas permanecemos firme. Hoje ele é um grande homem, pai de uma menina chamada Lunna, que é minha afilhada.

Certo dia, peguei os processos jurídicos que eu tinha dentro do escritório, embaracei todas folhas e mandei tirar mais algumas cópias; acho que tinha quase dez mil páginas. E comecei a conversar com ele. Falei que precisava muito de sua ajuda, que precisava de uma pessoa em quem eu confiasse para mexer naqueles papéis. A partir daquele momento, ele viu que alguém confiava nele, ao contrário do que todo mundo fazia, e ele começou a criar responsabilidade e querer fazer as coisas certas. Tudo o que ele passou foi para que pudesse fazer suas próprias escolhas e ser uma pessoa melhor, não para provar nada a ninguém, mas para provar a si mesmo que conseguiria. E conseguiu!

E parar no momento em que eu estava em crescimento para buscar meu irmão me fez ser grande também. Talvez isso seja algo que poucas pessoas fariam, pois, infelizmente, as pessoas hoje em dia são muito individualistas. Ali também cresci e aprendi. O meu crescimento, posso dizer, também foi devido a isso.

Claro, não consegui isso sozinho. Meu amigo Kassio me acompanhou em muitos momentos em que eu precisava desabafar sobre os problemas do meu irmão com a justiça. Quase na mesma época, meus pais iniciaram o processo de divórcio.

Muitas pessoas nunca deram crédito ao que eu pensava e sonhava, mas quem me dava valor percebia que eu era muito subestimado e, ao mesmo tempo, uma pessoa extremamente prestativa e comunicativa. Onde via uma oportunidade, eu pensava: "Nossa, isso pode dar certo", fosse o que fosse.

Existem dois tipos de pessoas: as que planejam e as que executam. Eu sempre fui o tipo de pessoa que executa, que faz acontecer, que bota no papel. Além de tudo, sempre esperançoso, o que muitas pessoas costumam levar para o lado negativo, como se fosse um defeito. Se fosse assim, seria o defeito mais benéfico de todos.

Certa vez, sai para lanchar e avistei um menino vendendo balinhas, com a camisa do Flamengo suja de terra. O garoto, que aparentava cansaço, me perguntou:

— Moço, me paga um cachorro-quente?

— Só compro o cachorro-quente se você tirar a blusa do Flamengo e colocar a do Botafogo — respondi. Antes que o menino pudesse reagir, convidei-o para se sentar comigo e pedi o cachorro-quente que ele tanto queria. Envergonhado, o garotinho sorriu. Naquele momento, senti meu coração ficar cheio, completo. Eu sinto isso toda vez que Deus toca o meu coração e me fala para ajudar alguém; sinto que estou no caminho certo. Constatei naquele segundo que, para mim, não existem diferenças de classe, cor ou sexo. Sempre pratiquei a empatia.

Na neurociência e na psicologia, a empatia é vista como uma inteligência emocional, que se divide em inteligência cognitiva e afetiva. Estas têm uma grande relação com o altruísmo, citado no capítulo anterior. Ambas envolvem a capacidade humana de compreender os sentimentos e o pensamento alheio, ajudando a resolver e evitar conflitos.

A Bíblia, o livro mais famoso de todos os tempos, traz diversas passagens em que é exposto o conceito de empatia e altruísmo de forma indireta. Por exemplo, no livro de Pedro 3:8, diz-se: "Amem uns aos outros e sejam educados e humildes uns com os outros". Em Romanos 12:15, lê-se: "Alegrem-se com os que se alegram e chorem com os que choram".

Em muitas das viagens a Roraima, percebi como a busca pelo sucesso pode ser um caminho de pedregulhos, que nunca envolve somente coisas boas e nunca chega de uma hora para a outra. Muitos "sacrifícios" são feitos durante esse processo, caso contrário talvez você nunca o alcance.

Quando eu tinha meus 7, 8 anos, saí sozinho de bicicleta para comprar balinhas. Quando atravessava a rua, um ônibus passou raspando do meu lado e quase me atropelou. Senti meu coração acelerado, pensei que ali mesmo eu poderia ter perdido a minha vida. Não contei para a minha mãe, pois não queria preocupá-la, mas, tempos depois, ela descobriu através de um conhecido que tinha presenciado o acontecimento. Foi coisa de milímetros para aquele ônibus me pegar, e considero até hoje que foi mais um milagre de Deus. Não era a minha hora ainda. Minha mãe sempre falava: "Você é muito abençoado".

O inimigo tenta agir contra nós o tempo inteiro, mas quem mantém sua fé está protegido de qualquer mal que venha a existir nessa terra. Agradeci a Deus por ter cuidado de mim naquele dia, como Ele sempre fez.

......

Um dos diversos sinais que Deus me mandou durante a vida ocorreu quando minha avó Zulmira faleceu. Eu estava trabalhando nesse dia; estava no escritório de advocacia e não estava me sentindo bem, sentia uma agonia estranha em meu peito. Passaram-se alguns minutos e as luzes do meu escritório estouraram, uma por uma. Imediatamente liguei para a minha mãe, assustado, e foi nessa hora que ela me deu a notícia.

Foi um enorme baque para mim, pois não sabia como lidar com aquela informação. Eu não senti o chão abaixo de meus pés por vários minutos, e a qualquer momento eu poderia desabar.

Mas minha mãe estava ali, me acalmando. Ela é meu porto seguro; sempre corri para os seus braços quando me sentia fraco, e a energia dela passava para mim, me carregava. Foi ela que me apresentou à igreja, assim como vó Zulmira fez com ela no passado. Minha mãe é costureira desde os 14 anos; aprendeu a costurar sozinha, só observando a minha querida avó, e levava bronca dela quando costurava escondido, por ser perigoso para uma criança mexer nas máquinas. A costura é a grande paixão da minha mãe, mas ela também fez faculdade de Pedagogia para incrementar sua renda. Não queria depender somente do dinheiro de meu pai e repetia sempre: "O dinheiro dele é dele". Mulher independente e batalhadora. Fazia muitos enxovais para crianças, e muitos clientes vinham de longe para encontrar minha mãe, que trabalhava quietinha na garagem do fundo de casa. Depois de muito tempo eu finalmente consegui dar uma loja de verdade para a minha mãe, onde ela pôde se estabelecer e aumentar a sua clientela.

Não importava qual ideia surgisse na minha cabeça agitada, minha mãe sempre me apoiou e me escutou, falando: "Filho, se você fizer tudo certinho, Deus vai te abençoar". Deus, o grande mentor.

Confio a Ele tudo que tenho, tudo que já tive, minha vida, meus sonhos e metas. Ele é o dono da verdade e, se Ele falar que devo fazer algo, eu faço. Minha relação com Deus é muito maior do que eu imaginava. Mesmo tendo passado por tantos apertos, sei que sou muito abençoado. É o que eu sempre digo: passamos por momentos complicados para que Deus veja se conseguimos carregar a nossa cruz ou não. Tudo é um teste para ver até onde podemos ir, até onde nossa fé nos leva. E, sinceramente, minha fé jamais se abalou.

Eu nunca cobicei o dinheiro, e sim o aprendizado. Se houvesse algum conhecimento que pudesse absorver, eu o faria. Descobri como comprar precatórios, como vender, como fazer o trâmite jurídico, e me surpreendi ao saber que são movimentados de quinze a trinta bilhões de reais por ano com isso. Logo comecei a negociar precatórios, ofertando em lugares onde a população precisava de dinheiro e em sindicatos. "Eu tenho quem compra esses títulos e depois a gente vende para a instituição bancária", eu pensava.

Eu costumo dizer que temos que "pagar para ver" quando queremos chegar em algum lugar ou conquistar alguma coisa. Eu paguei para ver em muitos momentos da minha vida; tive que arriscar. Muitos amigos meus depararam com fases assim, principalmente o Kassio. Ele se culpa às vezes, diz que não foi tão persistente quanto eu, mas cada um é cada um e, hoje, tudo, tudo que conquistou ele fez por merecer.

Eu nunca consegui ficar parado. Acho que sou agitado por natureza; nunca fiquei esperando as coisas caírem do céu porque sei que nada é tão fácil assim. Nunca me senti acomodado com a minha condição, e sempre procurei evoluir.

Certa vez, Kassio estava em Los Angeles e foi em alguns cassinos. Passou a noite apostando um dólar, por várias vezes. Colocou um dólar, perdeu, colocou mais um e perdeu de novo. De novo e de novo. Perdeu diversas vezes, até que numa determinada noite ele me ligou e eu dei uma ideia:

— Aposta vinte dólares!

— Vinte? Tem certeza?! — Kassio perguntou desconfiado.

Depois de apostar o valor, conseguiu 67 dólares líquidos. Ele pagou para ver.

Lembro-me de quando nós dois éramos adolescentes, entre os 16 e 17 anos. Estávamos quase concluindo o ensino médio e de vez em quando sentávamos para tomar água de coco juntos na esquina de sua casa. Lá conversávamos sobre nossos planos futuros, pois desde aquela época já tínhamos diversos projetos na cabeça. Num desses dias, Kassio comentou comigo sobre a bolsa de valores, bem por alto. Ele não sabia o que era, mas tinha lhe despertado o interesse, assim como eu. Começamos a estudar sobre a bolsa naquela época e hoje nos encontramos, depois de uns doze anos, mexendo com isso. O mundo realmente dá voltas! O que planejamos quando adolescentes, na esquina da casa de Kassio, hoje se concretiza.

E é engraçado pensar que tive vários projetos mirabolantes antes de entrar para o mercado financeiro, mas sempre tive o pensamento de que, se tal ideia não deu certo, tudo bem! Amanhã eu penso em outra ideia e coloco no papel um plano B, C, D e por aí vai... O segredo é nunca parar!

Passei grande parte do meu tempo pensando em como ganhar dinheiro. Qualquer coisinha que comentavam comigo ou perto de mim, eu absorvia e já pensava em como usar aquilo a meu favor. Se a gente parar para pensar, o tempo é muito mais que segundos, minutos, horas... Você já deve ter ouvido aquela velha frase de que "tempo é dinheiro". E, pensando no seu significado, na VIDA, tempo é OPORTUNIDADE. Para muitos: oportunidade de mentir por coisas bobas ou surpreendentes... De esconder o que se sente. Oportunidade de ser indiferente, oportunidade para magoar alguém que gosta (ou que não gosta mesmo)... De negar um toque, um contato, a presença! Oportunidade de se ausentar quando o outro mais precisa de nós, oportunidade para ser egoísta, egocêntrico (ou, como dizem, pensar em você... só em você). Oportunidade de se sentir fracassado diante da vitória do outro, ou alegre pela derrota dele. Mas, sabe, também pode ser: oportunidade de falar a verdade, de falar o que sente... De sentir o que sente, sem medo algum. Oportunidade de abraçar quem a gente gosta sem pretexto, sem motivo, só porque gosta e deu vontade, e PRONTO. Oportunidade de acariciar, se alegrar com a vitória do outro, mas se alegrar mesmo! Se alegrar com a vitória da gente, mas sem arrogância. Oportunidade de chorar com a dor do outro, de chorar a própria dor e esvaziar todo o coração de tristeza e amargura. TEMPO É OPORTUNIDADE de escolher entre a vida e a morte, entre a esperança e o desespero, entre a realidade (mesmo ela sendo tão difícil e cruel) e a ilusão, entre a descrença e a fé.

Na verdade, tempo é o que mais vale para nós. Porque nossas escolhas dependem disso! É por isso que aqueles momentos mais importantes para nós parecem parar o tempo e, depois, quando passam, ficam guardados no mais íntimo do nosso ser, independentemente do tempo que se passe. Quanto tempo durou aquele UM segundo em que você disse "não" para alguém, ou até mesmo para você? Quanto tempo durou aquelas horas intermináveis em que você esperava ansioso pela presença de alguém amado? Quanto tempo demorou para que você "caísse" na real e

No momento em que eu estava em crescimento, eu **ESCOLHI** *parar para buscar o meu irmão.*

Eu não podia continuar sem ele, e parar me fez ser grande também.

visse que o seu sonho é possível SIM? Quanto tempo durou aqueles dez minutos da eterna entrevista de emprego? Quanto tempo durou aquelas horas que passaram num piscar de olhos só porque você estava em boa companhia? E quanto tempo durou aquele instante em que o tempo parou? Quanto tempo esperamos e quantas oportunidades perdemos... Quanto tempo... Quanto tempo... Isso tudo me ensinou algo: o tempo é oportunidade, e ela não volta.

Certo dia, fui a um culto e, exatamente nesse dia, eu não tinha um real sequer para colocar gasolina. Eu tinha um Civic naquela época, mas, mesmo sem ter o dinheiro, vamos dizer, "sobrando", eu e minha mãe decidimos que iríamos dar um jeito de ir, e assim foi: saímos de Planaltina para Taguatinga, o que dá em torno de 65 quilômetros. Com a gasolina que tinha acabado de entrar na reserva mesmo, e eu sabia que essa gasolina dava para a gente ir e voltar. Chegando lá, eu e minha mãe sentamos na penúltima fileira de cadeira da igreja, bem encostados na parede; lembro-me que mal conseguia ver quem estava ministrando o louvor e a Palavra. A presença de Deus naquele lugar era algo inexplicável; desde que chegamos podíamos sentir. Logo o pastor começou a orar, e Deus começou a usá-lo de forma tremenda para falar com muitas pessoas; em um dos momentos ele fez um "apelo" para que as pessoas que estivessem naquele lugar pudessem fazer uma doação, e eu, de verdade, senti muito em meu coração vontade de levantar as minhas mãos, só que eu não tinha o dinheiro — na verdade, eu não tinha nada. Lembro-me que minha mãe tinha dois reais, e ela me deu e falou: "Filho, faz o seguinte. Pega esse dinheiro e oferta você. Talvez isso seja tudo o que você tem, então oferte o que você tem". Com lágrimas nos olhos, eu falei: "Mamãe, eu não tenho nada, eu não tenho nada aqui dentro do meu bolso. Tudo o que tenho é a minha fé, e é isso que eu vou ofertar. E a senhora vai ofertar o seu dinheiro, o dinheiro da senhora é o dinheiro da senhora. É a sua oferta. E eu sei que Deus vai ouvir também o seu voto e Ele vai te honrar". Ainda aos choros, fiquei falando com Deus sobre o meu desejo de ofertar, meu desejo de ter ainda muito mais do voto que tinha sido feito, só que naquele momento eu realmente não tinha nada, pois eu estava pagando muita coisa, gastando muito com os projetos que tinha, muitos projetos que nem tinham dado certo. Nossa! Toda vez que lembro disso, me emociono, pois sinto exatamente tudo o que senti naquele momento.

 Na igreja tinha mais de duzentas pessoas, e o pastor orando e orando, e de repente ele fala: "Olha, Deus está me revelando aqui um nome" (e Deus o usava muito na revelação de nomes). Ele começou a andar pela igreja, e disse: "O nome é Gabriel". Eu estava com os olhos fechados e na hora que ele falou eu imediatamente abri os meus olhos e olhei pro lado, e ele já estava perto de mim e disse: "É você mesmo de amarelo, é com você que Deus quer falar. Deus está me falando que você estava orando e disse que não tinha um dinheiro para ofertar hoje". Logo eu me ajoelhei e comecei a chorar bastante, e ele continuou dizendo que Deus iria me honrar, que Deus iria me colocar em lugares altos, lugares pelos quais eu nunca imaginei passar. De repente o pastor Túlio tirou do seu bolso cinquenta reais e disse: "Eu vou ofertar na sua vida esse valor, e você vai ofertar esse valor" (foi o que eu fiz), e continuou: "A partir de hoje, começa um novo ciclo na sua vida, você vai viver coisas que nem os seus olhos, nem a sua mente já viram ou desejaram". Pronto. Eu recebi essa profecia!

Após aquela palavra que foi lançada, passamos ainda cerca de um ano de muitos desafios, lutas e circunstâncias. Mas eu sempre trouxe na minha memória essas palavras. Sempre que isso me acontece, eu guardo no mais íntimo do meu ser o que se diz em Lamentações 3:21: "Quero trazer à memória o que me pode dar esperança". E assim eu vivo.

Às vezes penso que está faltando fé neste mundo. "Mas por que você está dizendo isso, Gabriel?" Acredito que seja porque a esperança tem se perdido. Muita gente não tem mais esperança, e, para a gente ter fé, precisa ter esperança. Mas como ter esperança se o "eu" for o centro de tudo, sendo que somos tão falhos? Como ter esperança se queremos fazer tudo na força do nosso braço, firmados em nosso próprio entendimento? E não venha usar o "sou feito à imagem e semelhança de Deus". Isso não justifica, nós não somos Deus. E é justamente pela fé que temos que exercer nosso direito de sermos filhos e herdeiros d'Ele. Nossa esperança e nossa confiança precisam estar firmadas em Deus. "Bendito o homem que confia no Senhor, e cuja confiança é o Senhor" (Jeremias 17:7). Mesmo quando as circunstâncias me dizem não? Mesmo quando todos me dizem não? Como posso ter esperança? Lembre-se, para trazer à memória aquilo que nos dá esperança, seja o que for, antes de tudo é preciso viver esse "algo", entende? Eu acredito que está aí a importância de termos um tempo a sós com Deus. Só Ele e você, e mais ninguém. Te encorajo a bater um papo com Ele. Deus é real! E Jesus é o único caminho a Ele. Leia a Bíblia; lá você encontrará histórias influenciadoras de pessoas que revolucionaram o mundo mais de dois mil anos atrás. Lá você vai conhecer mais sobre Deus! É lendo-a que você renovará sua mente. Alimente sua alma com as coisas do Alto em vez de fortalecer paradigmas destrutivos que são constantemente semeados em nossa mente. Escolha o que você vê, ouve, fala. Resgate a esperança e desperte sua fé. Assim como essa, como eu já disse anteriormente, muitas foram as profecias que Deus me fez, por meio de várias pessoas. Hoje eu devo ter mais de 1.500 pastores que oram pela minha vida, todos os dias. Eu acredito na profecia, assim como sei que cada um tem seu caminho profético e, quando submetemos nossa vontade à soberana vontade de Deus, seguimos esse caminho. E, com essa nossa submissão, Deus é honrado. Por isso, atente-se; se Deus te deu uma direção e você não entendeu, aguarde.

E lembre-se: pode não ser sobre você, pode não ser sobre mim, mas, tenha certeza, tudo é sobre ELE.

A sua história importa e você precisa terminar este livro entendendo isso. Escreva ao lado como você se vê agora e como você vê a sua história daqui a um ano. Planeje-se! Comece por uma atitude de fé. Não vá para o próximo capítulo sem antes fazer isso! Vamos lá?

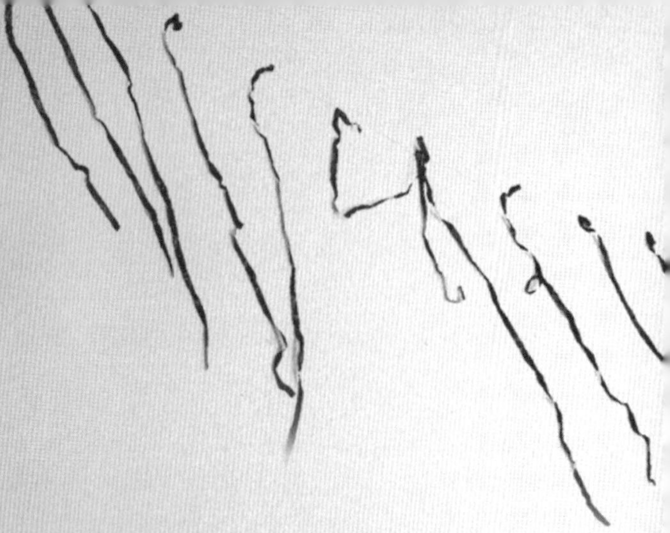

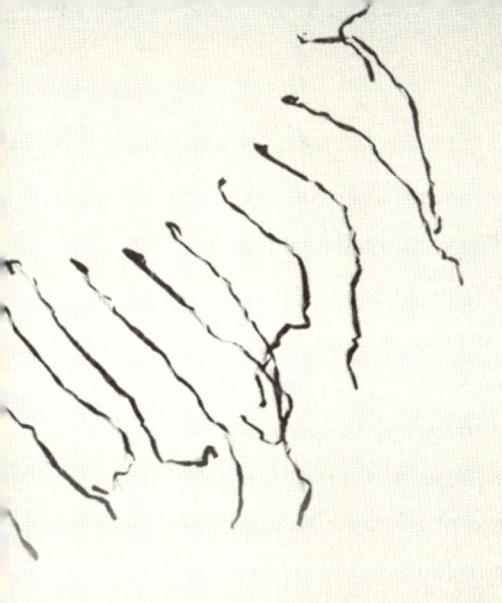

4. O GRUPO HARRISON

Talvez você já tenha ouvido falar da história do burro e do fazendeiro. Se não, vou lhe contar agora:

"Um certo dia, um dos jumentos do fazendeiro caiu dentro de um poço seco, e então o jumento começou a chorar muito, por horas, enquanto o fazendeiro tentava descobrir o que fazer para tirá-lo dali. Finalmente, o fazendeiro concluiu que o poço era tão profundo e estava tão seco que a única solução era cobri-lo de alguma forma. Por outro lado, o jumento era velho e seria um grande problema tirá-lo do poço. O fazendeiro decidiu que não valia a pena tentar recuperar o animal, então pediu ajuda aos vizinhos para cobrir o poço e enterrar o jumento. Imediatamente, todos pegaram as pás e começaram a entulhar o poço. O jumento então percebeu o que estava acontecendo e começou a zurrar bem alto. As horas foram se passando e, depois de muito zurrar, ele ficou quieto. Algumas pás de terra depois, o fazendeiro olhou para dentro do poço e ficou atônito com o que viu. A cada pá de terra que batia nas costas do jumento, ele conseguia sacudi-la e ficar em cima dela. E, a cada vez que os vizinhos e o fazendeiro jogavam terra em cima do animal, ele continuava sacudindo e dando um passo para cima. Logo o jumento sacudiu a última pá cheia de terra, deu um passo acima, e saiu do poço."

Nós podemos aprender muito com essa história. Quantas vezes os problemas vêm e logo nos desesperamos? E, muitas vezes, chorar é a resposta mais que natural quando alguém nos trata mal, então aquele jumento estava respondendo da mesma maneira que nós. Quantas vezes estamos realmente prontos para sacudir certas coisas, sentimentos de dor, maus-tratos, abuso, injustiça... Existem tantas coisas que podem nos paralisar, não é mesmo? Como o jumento dessa história, precisamos aprender a sacudir os problemas que estão em nosso caminho, que tentam nos paralisar. Pois eles sempre virão! Você sempre estará sujeito a isso. Seja qual for o tamanho ou a profundidade, o dia ruim sempre pode vir. Podemos chorar por um tempo, por causa da dor e do desespero pelos quais porventura estamos passando, mas precisamos continuar! Deus nos ouve quando ninguém ouve, Deus nos vê quando ninguém mais vê! Deus não mudou, Ele não muda. Consequentemente, um certo dia a nossa hora vai chegar, a alegria virá e, se nós estivermos paralisados, não desfrutaremos do que Deus preparou para nós! Que possamos transformar toda barreira, pedras, dificuldade, dor, tristeza, fracasso, desânimo e incertezas em FORÇA, coragem, bom ânimo, fé e degraus para vencer! Pois hoje, ah... Hoje eu tenho orgulho de bater no peito e falar que eu venci.

    O Grupo Harrison não nasceu de um dia para o outro. Volto a dizer: as coisas não acontessem assim, ou pelo menos não aconteceu dessa maneira para mim. Muitos foram os momentos em que pessoas, situações, problemas e dificuldades vieram até mim tentando me parar, me calar. O peso de cada situação e momento vividos muitas vezes me sobrecarregou de tal forma que eu pensei que não aguentaria mais um dia sequer. Entenda uma coisa: problemas não nascem pequenos; muitas vezes é a gente que não está com a visão preparada para recebê-los no momento certo! A partir do momento em que alinhamos a nossa visão e mudamos o nosso pensamento diante das adversidades, automaticamente os nossos resultados mudaram.

Quando tudo começou eu me recordo muito bem que eu não tinha dinheiro para pagar um funcionário sequer. A Harrison já passou por diversas situações difíceis. Houve diversas vezes em que tivemos propostas negadas de serviço. Eu iniciei muito jovem na advocacia e, quando se inicia jovem e não tem uma indicação, você pena muito. Acaba descobrindo que nada é fácil nesta vida, como poderia parecer. O medo de não conseguir é inevitável, acredite. Mesmo assim, quero encorajá-lo a encarar todos os desafios que vêm a você com força e coragem. Mesmo que você seja o único a acreditar nos seus sonhos, faça isso de forma louvável. Se deseja abrir o seu escritório de advocacia, faça isso e trabalhe duro. Os clientes aparecerão, porém o advogado deve empreender e buscar seu próprio sucesso e independência financeira diariamente, como em qualquer outra profissão. No início vai ser muito difícil, mas os resultados virão com o tempo. Trabalhe como autônomo inicialmente e, quando decidir por uma sociedade, saiba escolher bem o sócio. Advogar é uma profissão muito difícil hoje em dia.

Há uns oito ou nove anos, o Aristeu trabalhava no sindicato dos policiais e meu pai pediu para ele ver se arrumava alguma coisa lá para mim — um emprego ou o que fosse para que eu trabalhasse lá. E, sem hesitar, ele se dispôs a nos ajudar com isso. E foi dito e certo: ele arrumou as coisas para que eu trabalhasse no administrativo, e comecei a fazer expediente lá. Nessa mesma época, ele uma tinha uma parceria com o advogado que cuidava dos processos do Amapá, que estava precisando de uma ajuda, pois estava sozinho e necessitando de um auxílio para ajudá-lo a montar, organizar planilhas, realizar alguns cálculos e acompanhamento processual. Recordo-me bem que ele me disse: "Gabriel, você vai auxiliar esse advogado, pois ele precisa de ajuda para tomar conta desse processo". Justamente nesse período eu comecei a faculdade. Foi quando tive um *insight* sobre a faculdade que eu queria pra minha vida: o Direito, pois peguei gosto pelo negócio. Comecei a aprender de verdade, a me sentir competente para lidar com os processos que porventura viessem a mim naquele momento e vencê-los.

Quando iniciei no escritório do advogado efetivamente, posso dizer que tive uma grande experiência e, sem dúvida, a aproveitei da melhor forma possível. Eu fazia as diligências na sétima vara, com vários processos, e no tribunal eu também ficava responsável por fazer as diligências. Comecei então a aprender bastante. Foi lá, nesse estágio, que tive a primeira convivência com os precatórios, na época de 2008 a 2009, e desde então não parei. Recordo-me que, em uma das conversas que tive com o Aristeu, logo que abri a Harrison, ele me disse algo que lembro até hoje: "Gabriel, você é novo e tem que trabalhar muito para que, quando estiver com 50 anos, já possa se aposentar, enquanto ainda estiver novo". Ele fala que levei isso a sério, porque trabalho muito, e hoje em dia me alerta para diminuir o ritmo, para não levar tão a sério o que ele me disse lá atrás.

Lembro-me de uma vez em que cheguei até a desmaiar dentro do avião, pois estava com a cabeça a mil, cansado e sobrecarregado. Foi uma época em que eu estava exausto. Então comecei a delegar competências e funções a outras pessoas, cada uma cuidando da sua área. Eu só alinhava e liderava tudo, sem me envolver diretamente, e hoje em dia ainda estamos ajustando esse processo. Eu sei que preciso de muitas melhorias, mais também quero chamar sua atenção a esse tema. Tento me policiar quanto a isso diariamente. Acredito que, principalmente depois do nascimento do meu filho, Miguel, encontrei calmaria, tempo, pausa e paz.

A verdade é que na vida são necessárias pausas; demorei um pouco para entender, mas hoje vejo o quanto elas são necessárias e procuro ao máximo seguir e respeitar isso.

Na vida, esses intervalos são necessários porque, se pararmos para pensar, isso não é uma pausa, é o caminho. É como chegar diante da terra prometida sem ainda entrá-la. É quando Josué, Calebe e os demais espias vão apenas "observar/espiar" a terra. Nesse exato momento há uma pausa, um intervalo. Não há mais o que fazer; o deserto já foi atravessado, a promessa está na nossa frente, mas é necessária uma pausa. Para mim, esse intervalo é uma estratégia de guerra. A arma certa no momento errado pode colocar tudo a perder. A pausa é necessária para que a gente avance sob o comando do Rei (Deus). Eu acredito que, mais do que saber a direção, é preciso saber o momento. Deus nos direciona em todas as coisas, e com a visão, missão e valores do Grupo Harrison não é diferente. A alma de Jonas (cheia de justiça própria) sentiu-se desconfortável quando Deus o mandou ir para Nínive. E o que ele fez? Mudou totalmente a sua rota. Em alguns casos, Deus nos permite seguir nosso caminho.

Em outros, talvez dependendo de nossa disponibilidade em permitir que ELE direcione, Deus faz como fez com Jonas: Ele simplesmente usou uma tempestade para que Jonas voluntariamente se jogasse no mar; da forma mais incomum, Deus nos coloca novamente no caminho d'Ele.

De forma equivocada, diariamente insistimos em achar que, se saímos da rota ou do caminho de Deus, é porque entramos numa vida de pecado e tal. Mas as coisas não são bem assim! Jonas saiu do caminho de Deus, mas continuou sendo um homem de Deus. E justamente por isso, mesmo no meio de seu próprio caminho, em alto-mar, sem ver nada, mas por temer a Deus e confiar n'Ele, se lançou nas águas para que elas (o Espírito Santo) o conduzissem.

Então finalizo este momento dizendo que, sim, pausas são necessárias, elas são um momento de transição, e momentos assim são difíceis de definir.

Eu acredito nos meus funcionários, diretores, coordenadores e supervisores. Sempre deposito neles a confiança necessária para que possam tomar decisões por mim e, se porventura algo der errado, aprendemos e corrigimos o erro para não acontecer novamente. Recentemente saímos na revista *Forbes*, em uma matéria com o título: "Vendedor de pipas vira referência nacional em precatórios federais". E, sabe, eu não poderia dar continuidade a esse depoimento sobre os precatórios sem antes falar uma coisa com você. Embora para muitos possa parecer loucura, acredite, minha intimidade com Deus é mais real para mim do que este *notebook* em que escrevo agora. Existem sonhos que nos despertam. Alguns por dentro, para uma jornada forte. Outros para fora, encarando a realidade, afastando as projeções. Mas, sempre, sempre e sempre são motivados pelo AMOR e pela FÉ. Seja para me guardar ou para me fazer voar! Finalizo com esta frase de Eleanor Roosevelt: "O futuro pertence àqueles que acreditam na beleza de seus sonhos". Sendo assim, acredite.

A Harrison me ensinou que, na verdade, ser próspero é um dom de Deus, e existe uma diferença entre ser rico e ser próspero. E eu acredito que ser rico todo mundo consegue, mas ser próspero é para poucos. Porque a riqueza você acumula, mas a prosperidade te oferece algo muito maior que a riqueza, e tudo começa no coração, pois a gente tem a mania de achar que ter uma vida saudável é algo que não está ligado diretamente a ter muito dinheiro, e sim a ter paz no espírito, é ter o coração grato, é amar o próximo como a nós mesmos, é fazer o outro crescer mais ou primeiro que nós. Isso te gera lucros acima do esperado!

É importante dizer que eu não encaro ninguém como meu concorrente, embora muitos vejam a Harrison como tal. Muitas vezes a comparação nos paralisa. Grandes projetos e sonhos se frustram ou simplesmente deixam de acontecer porque passamos a maior parte do tempo nos comparando com quinze segundos de um *story* ou com uma simples publicação no *feed*.

Por isso hoje eu quero desafiá-lo a viver para você e por você, pela sua história, pelo seu propósito. Não se preocupe em provar sua alegria ou tristeza. Se você acredita nela e a está vivendo, isso já é o bastante. Sei me alegrar com os que se alegram de verdade; mas com os que se alegram de mentira, não. Por favor, tenha cuidado com a comparação. O que precisa de provas é tudo o que gera dúvida. Só se prova o que pode ser falsificado, uma joia, um documento, uma alegria (gerada por fora e não por dentro), e até alguns relacionamentos...
Eu não entro em competições ou comparações.
Não é que eu tenha medo de perder; é que tenho coragem demais para me encontrar. E é o que busco: ME ENCONTRAR a cada dia. Competir, tentar provar meu valor é algo tão distante para mim. Sei bem quem sou. Sei bem quem eu sou n'Ele. Não que eu seja melhor ou pior, mas tenho minha identidade; todos nós temos em Deus e isso me basta, nós somos únicos e não há necessidade de comparação. Vencer agonias, dores, limitações. Expandir meus limites, aumentar minha tenda e avançar. Perder o medo e voar cada vez mais alto! Eu apenas tento ME vencer todos os dias, sem cobranças, pois respeito meu tempo e meu momento. Viver a vida inteira com a água batendo nos joelhos não é comigo. Gosto de ir mais e mais fundo. Até que a água me cubra, até que meus pés não toquem mais o chão e eu tenha que mergulhar e desfrutar da vida abundan-

Mais do que saber a **DIREÇÃO,**

é preciso saber
o **MOMENTO.**

te totalmente dependente da sustentação de Deus, meu bom Pai. Às vezes isso parece perigoso aos olhos da maioria, eu sei. Mas confio mais Nele do que em mim. E, para concluir, reforço meu "conselho": não conte comigo para uma competição ou comparação. Não procuro medalhas, troféus... Quem descobre o Amor do Pai não se deslumbra com qualquer outro prêmio.

Eu já fiz investimentos que deram errado, eu já operei e levei *loss* — e *loss* grande. E, sempre que tinha alguma coisa me dando uma certa "dor de cabeça", ou algo em que estava errando com muita frequência, eu sabia que tinha que parar e pensar: "Será que é por aqui, ou eu estou fazendo as coisas erradas?". Por muitas vezes eu me perdi, acredite. Eu já andei no caminho certo e depois mudei por que achava que seria melhor para mim. Até que eu entendi que não é sobre mim, não é o que é melhor para mim; eu tinha que andar por onde Deus queria que eu andasse. E Deus diariamente me mostrava que Ele tinha mais, e que uma multidão me aguardava para caminhar comigo, e para isso eu precisava voltar e fazer tudo novamente, ou fazer melhor. E, quando eu começava a fazer essas mudanças, as coisas começavam a dar certo de novo, as dificuldades apareciam e eu ia rompendo todas elas novamente, só que dessa vez com muita sabedoria, competência e coragem.

É aquela coisa que eu falo: a gente tem que parar de reclamar da vida. Não podemos ficar falando "Ai, a minha vida está ruim, está dando tudo errado para mim, eu não vou conseguir". A palavra tem poder. Volto a dizer: a palavra tem poder. E você pode estar profetizando coisas como essa sobre a sua vida. Se eu profetizo que a vida do meu filho será melhor do que a minha, ela será.

Recentemente uma pastora orou por mim e perguntou quantos funcionários eu queria ter. E eu sempre fui muito ousado, sempre sonhei muito; sem hesitar, falei que queria um milhão. Talvez eu não venha a ter esse milhão de empregados na Harrison, mas, se eu formar *traders*, investidores e sonhadores, para mim já basta, pois já terei conquistado o primeiro milhão de funcionários. E não pararei por aí, pois sei que o meu Deus é grande para fazer sempre mais. Infinitamente mais!

Muitos são os funcionários que trabalharam e trabalham comigo hoje. Ouço muito que trabalhar na Harrison mudou a vida de muitos deles, mas mal imaginam eles que mudou a minha também. Eu aprendo com a minha equipe diariamente! A Harrison mudou minha vida de forma fantástica. Inicialmente, quando eu comecei minha vida profissional aqui, todo mês era uma doideira, porque tínhamos que pagar um aluguel muito caro na época para a sala que a gente tinha. Lembro-me que na época o Diego, que já era o advogado da empresa, fazia e desenvolvia o serviço, mas não conseguia cobrar muito. E, por ter contas para pagar, eu tinha de pedir que ele realizasse essas cobranças. Ele tinha uma mente muito fechada para determinadas situações, e eu, por fora, conseguia abri-la. Sempre procurava incentivá-lo fazendo acreditar que poderíamos ganhar o mundo se apenas acreditássemos que iríamos ganhar.

E, na maioria das vezes, as coisas dão certo! Sempre que fazemos um contrato novo, pedimos a bênção de Deus, e Deus sempre nos dá o caminho certo. Continuamente peço sabedoria e Ele tem me dado. Um dos meus lugares favoritos para estar é na Harrison. E você, tem um lugar onde se sente bem? Pois é, eu tenho o meu. Quando venho para cá, eu me sinto mais aliviado. A empresa é a minha segunda casa, e eu, particularmente, vou para casa mesmo só para dormir. Sabe, eu acredito que, quando nós fazemos o que amamos, tudo flui e coopera a nosso favor. Ouso dizer que, para mim, a melhor hora do dia é o final do expediente, pois é quando consigo ter um *feedback* de tudo o que consegui produzir e tudo o que preciso realizar. É nesse momento também que sonhos, metas e projetos aparecem. O que não deu certo hoje, eu tento novamente amanhã, e o que deu certo é entregue a Deus em forma de gratidão. Albert Einstein ensinou: "Não existem sonhos impossíveis para aqueles que realmente acreditam que o poder realizador reside no interior de cada ser humano. Sempre que alguém descobre esse poder, algo antes considerado impossível se torna realidade".

Nessas idas ao Plano Piloto todos os dias de ônibus, antes de a minha avó falecer, ela me deu o famoso carro Gol, que muitos devem conhecer. Recordo-me que ela sempre fazia questão de falar: "Olha, esse carro vai ficar para o Gabriel, quando eu morrer esse carro vai ser dele". Ela era uma pessoa que me ajudava muito, que me inspirava e me ensinava bastante. Era uma mulher de muita fé e propósito; ter propósitos e colocar a sua fé em ação era com ela mesma. Ela era ousada! Minha avó cresceu em Planaltina, vendendo roupas que ela mesmo costurava; ganhava pouco, mas com o pouco que ganhava procurava sempre comprava um lote aqui, outro ali, trocava, fazia as negociações dela e ia ganhando dinheiro, crescendo financeiramente e empreendendo.

Umas das primeiras vendas para investir na construção da Harrison foi o carro Volkswagen Quantum que meu avô me deu. Eu vendi esse carro que ele havia me dado, por um valor bem abaixo do mercado, para pegar o dinheiro e investir na empresa. Tudo que eu tinha naquela época eu vendi para investir na Harrison, tanto que eu sempre falo: "A minha vida é a Harrison". Enquanto eu estiver vivo ela vai viver, e com a chegada do meu filho Miguel não seria diferente. Quero trabalhar para que ela vá além de mim, que lá na frente ela cresça e se expanda com o Miguel, com meus parceiros todos a seu lado o ajudando. As pessoas da minha equipe sabem como levar uma empresa, e eu acredito que, assim como eu, elas serão grandes professoras para ele.

Eu cheguei a usar esse carro que minha avó me deu por um bom tempo, só que, na época dos precatórios, eu estava precisando comprar um título, pois tinha que honrar com a minha palavra. A única solução era vender o Gol também. Eu o vendi por cinco mil reais, e ele valia dez mil. Esse Gol rodou por anos, com certeza em várias BR's da vida, e diversas vezes foi pego pela Polícia Rodoviária Federal. Eles me ligavam e eu sempre falava que o carro era da minha avó, que ele não estava nem no meu nome; o Gol passou pela mão de várias pessoas, as quais davam um jeito e eram liberadas. Até que, um dia, um dos compradores foi parar na porta da minha casa. Eu não estava em casa, e ele falou para minha mãe que queria conversar: "Eu quero falar com Gabriel Harrison, que é o rapaz que negociou esse carro em dois mil e não sei quanto. Já tem três anos que esse carro roda e nunca foi transferido pra ninguém". Então Deus permitiu que eu vendesse o carro e depois Ele trouxe o carro nas mesmas condições em que vendi. Quando o homem foi na minha casa, em contato com minha mãe, falei para ela lhe passar meu telefone, que eu iria negociar o carro com ele. No dia seguinte eu liguei e ele disse: "Olha, eu quero que arrume a documentação. Eu não quero vender o carro". Aí eu falei: "Beleza, só que você vai ter que entrar para o inventário. Mas, se você quiser, eu compro ele e evita essa burocracia para você", e perguntei quanto ele queria no carro. Ele me respondeu: "dez mil reais". Eu relutei, tentei fazer com que ele reduzisse o valor, e ele baixou para sete mil, então falei: "Não, está muito caro". Ele me perguntou então quanto eu pagaria, e falei para ele que pagaria cinco mil reais, que foi o valor pelo qual eu vendi na época. Ele falou que eu estava ficando doido, que não venderia naquele valor, daí falei que estava tudo bem e pedi para ele preparar as documentações, que dali a mais ou menos uns trinta dias os meus advogados dariam a entrada, indo para mais outros órgãos, o que levaria mais trinta dias, então eu achava que dali a um ano estaria tudo resolvido. Coloquei tanta dificuldade que ele me vendeu o carro por cinco mil reais, e hoje ele está no estacionamento do Brasil 21, complexo de edifícios em que a Harison Investimentos está localizada — até fui com ele para casa um dia desses. Deus permitiu tudo isto: meu crescimento com a venda e depois a possibilidade de eu comprar o carro de volta para guardá-lo. Toda vez que vou no estacionamento, olho o carro e Deus fala comigo; passa um filme na minha cabeça, pois eu lembro do dia em que tive que vendê-lo, pois estava necessitando do dinheiro. Então Deus trouxe o Gol de volta para eu não me esquecer de onde Ele me tirou, para eu sempre lembrar das minhas raízes. O que faz Deus permanecer ao lado de uma pessoa a quem Ele prometeu algo é ela se lembrar de onde saiu, é não esquecer de sua origem, porque o dia em que ela se desviar e achar que tudo o que tem de bens materiais é o suficiente, aí ela perdeu o jogo. Enquanto você não se apega a bens materiais, Deus te impulsiona para grandes voos.

. . . . . .

Muitos foram os momentos em que precisei renunciar e abrir mão de diversas coisas na minha vida, mas não foi só eu, a minha mãe já chegou a vender uma chácara para investir em mim. Ela foi minha primeira investidora. Eu falo do Aristeu e do Elenauro (um juiz federal aposentado e um dos advogados mais renomados que já conheci), porque eles foram os dois primeiros investidores de fora, que eu não conhecia, e acreditaram em mim, mas a minha primeira investidora mesmo foi a minha mãe. Ela vendeu uma casa, depois um lote e depois um Corolla. Minha mãe investiu tudo o que tinha em mim, acreditou no meu projeto e, mesmo depois de as coisas darem certo para mim, ela nunca me cobrou nada. É por isso que hoje eu a ajudo tanto, e lhe dei uma casa e um carro. Minha mãe é minha parceira e eu a valorizo muito. Vejo que muitas pessoas não têm isso, existem muitos pais e mães que não estão em parceria com seus filhos, nem investem em seu futuro. A minha mãe sempre esteve do meu lado; quando eu contava os meus projetos para as pessoas, ninguém, exceto ela, acreditava em mim, e, mais do que isso, ela investiu em mim. Ela sentava do meu lado e ficava comigo; quando via que as coias estavam muito mais distantes do que eu imaginava, ela falava: "Vai na sua fé que vai dar certo, não se esqueça de Deus, não faça coisas que vão te atrapalhar lá na frente, que é gastar mais do que você pode pagar. Se concentra que vão dar certo os desejos do seu coração". Todo dia eu preciso falar que amo minha mãe, caso contrário, o meu dia não tem sentido. Falo com ela quando acordo, durante o dia e na hora de dormir. Ela é a minha parceira, é a pessoa que ora por mim e paga o preço pela minha vida.

No caso do meu pai, é o seguinte: eu tenho uma amizade com ele, mas não é como a minha mãe. Meu pai um dia falou que eu não era filho dele, e aquilo doeu muito Eu estava indo de Planaltina para o Plano pra ficar no escritório de advocacia do doutor Paulo, em que eu estagiava na época da faculdade, e pedi uma carona para ele. No carro, havia mais três amigos dele, que faziam muita farra, muita festa. Dentro do carro eles estavam falando sobre isso, e meu pai ainda estava casado com a minha mãe. Na hora que ouvi aquilo, eu me estressei e falei que eles eram "tudo um bando de otário, tudo merda", e que meu pai só estava naquela vida por causa deles. Meu pai parou o carro onde estava e falou para eu descer, e então disse que eu não era mais filho dele. Eu fui chorando da parada até o escritório e pensando no que ele tinha me falado, que eu não era mais filho dele. Pensei comigo: "Agora eu tenho que cuidar da minha mãe". Fiquei muito triste, muito chateado, e quem me abraçou nesse dia foi o meu chefe, o Dr. Paulo. Contei tudo para ele, e ele falou pra mim: "Meu filho, você ainda tem muita coisa pra aprender sobre a vida, agora você viu que virou homem, agora é você e você". Depois de toda essa situação eu comecei a ser um Gabriel mais forte. Não me emocionava por qualquer coisa, mas também tinha um grande coração, então Deus me fez um homem muito forte, mas com o coração muito bom. Apesar de tudo o que aconteceu entre mim e o meu pai, hoje temos um relação muito boa e eu amo muito ele.

. . . . . .

Não é possível falar de família sem lembrar do Grupo Harrison. Esta empresa é um projeto de Deus, os meus funcionários são de Deus. Deus os preparou para estarem dentro da minha empresa. Porque estão todos em busca de um só propósito. Tudo na Harrison é Deus. Desde os projetos sociais até as ideias que surgem entre os funcionários, eu vejo a mão de Deus em tudo. Às vezes eu tenho alguma ideia, e tenho uma excelente equipe que a executa da melhor forma possível. Um exemplo disso é a missão que temos de fazer palestras em todos os estados do Brasil, arrecadando quatro cestas básicas por inscrição, totalizando quinhentas a oito mil cestas em um dia de curso. Isso é Deus. Eu iniciei sozinho, mas hoje não ando mais sozinho. Nenhum dos diretores do Grupo Harrison chegou a um cargo de diretor, gerente ou coordenador sem passar pela mesa de operações, e todos conquistaram seu espaço e crescimento pouco a pouco. Todos tiveram a oportunidade de aprender como funciona o mercado.

Hoje em dia, quando olho para cada um, tenho certeza de que, se tiver um morador de rua perto do Brasil 21 ou em qualquer outro lugar da região, ela será abençoada. Esse é o nosso propósito; hoje os meus funcionários enxergam que a Harrison é muito mais que uma empresa de investimentos, é uma empresa de propósito, uma empresa que tem propósito. Eu fiz isso em toda a minha vida. Quando eu quase não tinha dinheiro, na minha adolescência, meus amigos me viam em festas tirar dinheiro do bolso e falar para o menino que estava vigiando o carro, que não tinha condições, para comprar um churrasquinho. Eu sempre fui esse cara de coração enorme; isso está dentro de mim e é uma das minhas maiores riquezas.

Tenho várias histórias. Uma vez ajudei uma família que não tinha nada para comer dentro de casa. Já doei duas casas, uma em Planaltina, que foi a cidade onde eu cresci, e a outra foi em Planaltina, em Goiás. Estou finalizando uma igreja na Bahia, no município de Canabrava, na qual caberão mais de duzentos jovens. O Instituto Harrison está patrocinando tudo, e eu tenho certeza de que Deus vai falar com muitos jovens lá. Esse município é um lugar que sempre vou com meus funcionários; levo eles todos os anos para que vivam um pouco da dificuldade que aquele povo vive e, sempre que eles voltam, têm uma história nova para contar. Voltam renovados, com a perspectiva de ajudar alguém. Então eu já tive muitas experiências legais na Harrison. Quem dividiu um quarto comigo no hotel sabe que eu sempre levava uma Bíblia comigo, e é assim em todas as viagens.

......

A origem do Grupo Harrison remonta à época do fim da sociedade com o advogado, conforme mencionei. Recebi então a ajuda do Aristeu, e pude construir minha primeira casa. Foi após a finalização dessa sociedade que surgiu a Harrison. Tanto é que a primeira logomarca da Harrison parecia o logo de uma imobiliária: era um telhadinho azul. Para mim, a Harrison não é só uma empresa, e sim uma família que nasceu.

Eu iniciei a empresa sozinho. Comecei no Brasil 21, situado às margens do eixo monumental e a treze quilômetros do aeroporto JK. O Brasil 21 possui uma localização privilegiada, pois está no setor hoteleiro, a poucos minutos dos principais pontos turísticos de Brasília. Com apenas uma sala no bloco, tive o meu primeiro investidor, o Aristeu.

Hoje eu sou muito grato a Deus por tudo que Ele fez na minha vida. Sou grato pela minha mãe, pelo meu pai, pelos meus avós, sou grato por tudo que Deus tem feito na minha vida. Tudo mesmo; eu só tenho gratidão. Eu não sei iniciar um único dia sem uma oração, sem agradecer a Deus, pois Ele é bom. Deus, para mim, é tudo, e a cada dia eu realmente percebo que o valor maior da vida é investir em pessoas. É isso que eu sou, é isso que eu nasci para fazer! É ter o sonho de levar a Harrison e o seu propósito para os quatro cantos do mundo, mas primeiro arrumar a minha casa, que é o Brasil. A minha vontade é arrumar o Brasil e, depois que arrumá-lo, expandir. Eu comecei por Planaltina, depois Brasília, e agora estamos arrumando vários estados. Hoje em dia, fazemos uma vez por mês uma palestra em um estado diferente. Solicitamos quatro cestas básicas por participante, arrecadando no mínimo trezentas cestas básicas, e já chegamos a juntar mais de mil cestas básicas em um único dia de curso — que é o Quero Ser Trader, o curso mais comprado em bolsas de valores do Brasil. E com isso ajudamos milhares de famílias; foi pensando nisso que o Instituto Gabriel Harrison nasceu no meu coração, e hoje toco o instituto e faço questão de estar presente nas doações, pois, como sempre falo, isso é maior que eu.

Falar sobre o Instituto Harrison em si mexe muito comigo, com o meu coração. Recentemente, em uma das viagens que fiz, em 2019, tive a oportunidade de mais uma vez investir e ajudar as pessoas, dessa vez na região das ilhas Ábaco, no norte das Bahamas. Lá me aconteceram dois episódios que me marcaram para sempre. No primeiro, com certeza você ficou sabendo do furacão Dorian, que atingiu o norte das Bahamas em setembro de 2019, tocando aquela terra ao meio-dia. Com chuvas abundantes e ventos de cerca de trezentos quilômetros por hora, o furacão de categoria 5, a mais alta existente na escala Saffir-Simpson, sendo classificada como "catastrófica" pelo Centro Nacional de Furacões (NHC) dos Estados Unidos, como já esperado, afetou toda a população, fazendo com que a maior parte dos quinze mil habitantes que compõem a população das ilhas a deixassem muito antes da chegada do furacão. As Bahamas são mais ricas e desenvolvidas que outras ilhas no Caribe, mas uma catástrofe dessa magnitude durante dois dias, e concentrada no mesmo ponto e lugar, sem dúvidas causaria uma destruição na proporção que teve; o furacão destroçou boa parte da infraestrutura, como casas, mercados, hospitais, o que agravou ainda mais as dificuldades enfrentadas. Dificuldades essas que nós inclusive chegamos a encarar também.

É extremamente difícil imaginar tudo o que aconteceu em Ábaco. Imaginar o desespero e a agonia de cada criança, cada pai, mãe, cada ser humano. É inacreditável imaginar que não sobrou nada, somente corpos. Você tem noção do que é andar sem saber se naquele momento você está pisando em braços, pernas, cabeças ou corpos de um filho, mãe ou pai? Eu estava pisando em casas, carros, sonhos e projetos que, por um único motivo, não existiam mais. Era exatamente isso que acontecia a cada passo que eu dava. Recordo-me perfeitamente de cada detalhe. O mais chocante para mim não foi a destruição do local em si, e sim ver o tanto de pessoas mortas no meio de escombros. Milhares de vidas ali que se perderam. Ahhh... O que eu mais fazia naquele momento era orar por aquele povo. Desde que chegamos em Ábaco, só conseguimos beber água quando fomos embora. Porque as garrafinhas de água que eles tinham "disponíveis" eram contadas. Aquela cidade não tinha água, não tinha alimento. As geladeiras? Eram trancadas, e só tinha uma pessoa autorizada a pegar a água dentro da única geladeira que havia, a do aeroporto. Retratos de famílias recentes que estavam apenas começando, e outras que já tinham bastantes histórias para contar. Foram dezenas de vidas mortas e centenas de pessoas declaradas como desaparecidas. Pensando nisso, nós resolvemos ir até lá para fazer uma doação de mais de cinquenta mil reais para auxiliar as famílias. Eu vivi momentos ali que me fizeram pensar na vida, na minha família, no meu filho. Pensar nos DETALHES da vida!

Ali eu pude ver que a fé e a união irão restaurar Ábaco, e esse sentimento eu levarei por toda a minha vida. Isso me ensinou que, se nos unirmos, nós, amigos, familiares, empresário, investidores, *traders*, se o povo se unir, podemos ajudar a mudar a vida de muita gente, em nosso país e fora dele também. Pois a união faz a diferença! Recordo-me que, durante a minha caminhada, observei uma casa

A minha mãe sempre esteve do meu lado; quando eu contava os meus projetos para as pessoas, ninguém, exceto ela, acreditava em mim, e, mais do que isso, ela investiu em mim.

que ficara totalmente submersa depois de tudo o que tinha acontecido, e lá vivia uma família: pai, mãe e duas filhas. E, quando vi aqueles escombros, eu perguntei ao nosso anjo Scott (um dos responsáveis pela recuperação de Ábaco) o que exatamente tinha acontecido naquele lugar, e ele disse que a água havia chegado a uma altura de sete metros. Agora imagine comigo: você está dentro da sua casa, com sua família, as pessoas que você ama, e um furacão deixa toda a sua família e sua casa submersas a sete metros de profundidade. Exatamente ali, esse pai agarrou nos seus braços as duas filhas, uma em cada braço, pois elas não sabiam nadar. A mãe também não sabia nadar; ela lutou com todas as forças até quando pode, mas perdeu a vida nesse dia. O pai e suas filhas viram a mãe se afogando, porém ele teve que fazer uma escolha. Eu fico tentando imaginar o que será que passou na mente dele naquele momento, segurando suas filhas e vendo sua esposa morrer. É difícil até descrever. Ahh... Não posso nem ousar fazer isso. Eu vi tanta destruição, eu vi pessoas que por um milagre sobreviveram e, com o sorriso no rosto, estampavam a vontade de viver. Sem sombra de dúvidas era visível a necessidade de serem ajudados, serem socorridos por pessoas que levassem esperança e fé para acreditar na reconstrução de tudo o que se perdeu.

 Eu falo muito sobre viver por fé, e tenho que ser honesto para você. É impossível viver por fé e ficar na zona de conforto ao mesmo tempo. Não dá pra viver por fé e não tomar a sua própria cruz. Nessa ocasião é a cruz do próximo. Em Lucas 23:26, a Bíblia nos diz que Simão, um homem de Cirene que estava chegando do interior, foi OBRIGADO a carregar a cruz atrás de Jesus pelos soldados romanos. Se pararmos para pensar, às vezes somos chamados para fazer coisas que não gostamos e não queremos. Nem sempre temos escolha, mas podemos estar ajudando alguém. O peso da cruz que Jesus carregou era em torno de cem quilos, e vale salientar que o seu peso não era medido apenas pelo peso em si, e sim por todo o significado de entrega por mim e por você (o que já não é pouca coisa). A cruz que ele carregou era uma coisa pesada e difícil de transportar. Simão foi forçado pelos opressores romanos a carregá-la, embora não tivesse nenhum envolvimento na situação. Mas ele ajudou Jesus na sua hora de maior sofrimento. E esse "pequeno ato" ficou registrado para sempre na Bíblia. Com isso, nós aprendemos que não devemos desprezar as tarefas "chatas e difíceis" que parecem não ter valor. Não devemos menosprezar os ataques, as dificuldades, os sofrimentos e as guerras, sendo eles internos ou externos, que o próximo esteja enfrentando.

Porque viver por fé não é viver sempre com esperança (ou ser positivo) simplesmente. Não é disso que falo, não é isso que Deus fala em Sua Palavra. É muito mais profundo! É, muitas vezes, você SABER fazer e escolher não fazer. Como foi com Moisés, que era muito estudado nas leis do Egito, mas teve que abrir mão de tudo que sabia para seguir a coluna de fogo à noite e a nuvem de dia. Viver por fé é pegar o caminho contrário, na maioria das vezes. Outras vezes, é fazer o que ninguém está fazendo por você, pelo próximo. Criar um caminho que até então não existia, um caminho do bem, um caminho para fazer o bem! Na maioria das vezes, a gente quer uma resposta: se algo "é de Deus", se ajudar uma pessoa "é de Deus", e procuramos a "lógica", em vez de confiar no que Deus disse. Viver pela Fé é literalmente sair do controle de nossa própria vida e deixar que Deus direcione cada passo, cada detalhe. Volto a dizer: confio muito mais em Deus e em Seu Amor do que em mim. ELE é infinitamente mais apto para me guiar do que meu próprio entendimento. Que a gente siga no caminho da fé porque é n'Ele que está a plenitude do propósito de Deus para nós. Que possamos estar sensíveis quanto a isso!

Outra situação em Bahamas que mexeu bastante comigo foi em relação ao Kaio, um dos meus *videomakers*. Em um dos dias em que estávamos lá, ele teve um sonho muito ruim durante a madrugada e, quando me encontrei com ele no café da manhã do dia seguinte, vi que ele estava muito assustado, mas muito mesmo, e falei: "O que aconteceu, Kaio?". Ele respondeu: "Tive um sonho muito ruim, doutor Gabriel, com monstro, com morte". Imediatamente indiquei dois salmos para ler (os salmos 23 e 91), e pedi que ele lesse antes de dormir. Ele estava realmente muito assustado, inclusive passou o dia inteiro pensando no sonho. Na hora de dormir ele leu os salmos, pois eu emprestei minha Bíblia para ele naquela noite. Recordo-me que, assim que cheguei em Brasília, lhe dei uma Bíblia, e ele fala que de lá para cá lê todos os dias os salmos que indiquei para ele naquele dia da viagem. Talvez esse tenha sido o primeiro contato ou conhecimento dele com a Palavra de Deus. É até engraçado saber que recentemente ele me pediu outros "salmos" para suas leituras. Isso para mim é muito gratificante e de extremo valor. A Bíblia Sagrada é o livro que me ensina diariamente a ser quem eu sou hoje. Quando quero conversar com Deus, eu sempre oro e, após esse momento de oração, gosto de abrir uma palavra, a Palavra de Deus. Quando eu quero aprender, eu corro para a Bíblia. Ela me inspira e me ensina. E eu quero que o mesmo aconteça com outras pessoas; quero honrá-las com o que tenho de melhor, assim como o Kaio, o mesmo se repetiu com várias com outras pessoas: já dei cerca de trezentas Bíblias; eu não podia ver alguém que já dava uma Bíblia. Veja a história de Salomão: quando Deus apareceu para ele e perguntou-lhe o que queria, ele poderia ter pedido qualquer coisa para Deus, pois isso foi disponibilizado para ele. A primeira coisa que ele fez foi agradecer por toda a generosidade de Deus para com ele, tornando-o rei, e por ter sido bom para Davi, seu pai. Logo, por ser rei sobre um povo tão numeroso quanto o pó da terra, ele pediu que Deus cumprisse nele e através dele a promessa que tinha feito ao seu pai, quando ele pediu sabedoria e conhecimento sobre tudo o que ele fizesse com relação ao povo, pois sabia o quão difícil seria governar toda aquela gente sozinho. E olha só o que Deus respondeu a ele, em 2 Crônicas 1:11-12:

"Já que é isso que você quer e já que não pediu riqueza, bens, fama ou a destruição dos inimigos, nem mesmo pediu longevidade, mas apenas sabedoria e conhecimento para governar bem o meu povo, sobre o qual eu o constituí rei; então, receberá o que pediu: sabedoria e conhecimento. Mas também acrescentarei riqueza, fama, e bens, mais que qualquer outro rei antes e depois de você já teve."

Ultimamente eu tenho percebido que nós estamos tendo uma visão estranha sobre Deus (é, infelizmente não achei outro termo para essa colocação). Sim, Deus nos usa. Ele usa qualquer um para ser abençoado e abençoar também. Isso mesmo, qualquer um! Ao ouvir algumas pessoas, pode-se ter a impressão de que Deus quer apenas nos usar. E isso não é verdade! Ele nos ama, se importa conosco. E quer saber uma das formas de Deus demonstrar Seu amor por nós? Através das pessoas. Pessoas que nos amam, nos dão palavras de apoio, elogios, sim, pessoas que acreditam em nós, pessoas que depositam em nós amor e confiança. Pessoas que cuidam de nós direta e indiretamente... Pessoas. Simplesmente pessoas!

Em Jó 1:8, o próprio Deus elogiou Jó para Satanás, dizendo: "Observaste tu a meu servo Jó? Porque ninguém há na terra semelhante a ele, homem íntegro e reto, temente a Deus, e que se desvia do mal". Entre outros, em João 13:3-6, Jesus honrou os discípulos: "Em seguida, derramou água numa bacia e começou a lavar os pés dos discípulos". QUANDO HONRAMOS AS PESSOAS, com palavras ou atitudes, GLORIFICAMOS DEUS. E eu gosto muito de honrar a vida dos meus funcionários, e eles sabem disso. Sei o quanto isso é importante. O fato de compartilhar a Bíblia Sagrada é um deles. Toda virtude vem Dele, toda boa dádiva, todo dom perfeito vem d'Ele. Elogiar e honrar alguém é glorificar a Deus. Por isso, não tenha medo de amar, elogiar, falar coisas boas a respeito dos outros, não tenha medo da entrega pelo próximo, não tenha receio em ajudar ou ser ajudado. Isso não te torna menor e nem rouba a glória de Deus.

Este capítulo iniciou com a história do fazendeiro e do jumento, e eu não poderia continuá-la sem antes falar sobre o lugar onde eu amo estar: A FAZENDA. Quando me sinto triste e cansado, gosto de ir à minha fazenda, de ficar no campo com os meus funcionários. A gente costuma sentar e ficar observando a lua cheia. Havia cerca de seis peões (com suas famílias) que trabalhavam para mim na fazenda, e todo mundo que chegava lá falava: "Gabriel, e esse tanto de peão aí?", por não haver necessidade e tal. Cada um ganhava cinquenta reais por dia; eu sempre ficava inventando serviço para que eles ficassem lá comigo. Eu sabia que havia um tempo para eles ficarem comigo, assim como havia um tempo determinado para que eles pudessem voar, porém preparados para a vida.

    Não posso deixar de contar a história de um deles (que até hoje trabalha comigo). Em uma de nossas conversas, enquanto olhávamos a lua, ele disse que foi escravo de uma fazenda, onde recebia a ameaça de que seria morto caso fugisse— depois que entrava, só se saía dali morto. Lembro-me que ele disse que naquela mesma situação havia

Uma das formas de Deus demonstrar **SEU AMOR POR NÓS**

é através das pessoas.

um senhor já de idade que estava ali havia um bom tempo, porém não tinha mais força e coragem para sair. Um dia ele conseguiu uma abertura de madrugada para sair de lá, e enfim conseguiu fugir. Ele andou vários quilômetros, sem água e sem comida no meio de uma selva.

Eu confio muito nos meninos que trabalham na minha fazenda; eles vão ao meu aniversário, à minha casa. Lá na fazenda não tem esse negócio de tomar café lá fora, eles sentam na mesa comigo. Claro, eles sabem que há momentos em que estarei almoçando com meus amigos e com minha família, nos quais, se porventura tiverem que conversar algo pessoal e tal, é somente com eles. Porém, na situação inversa, é o momento deles e de mais ninguém. Eles sabem exatamente quando e como se posicionar (também acho isso essencial para uma boa relação entre funcionário e patrão); caso contrário as pessoas acabam confundindo as coisas e chega uma hora que você perde o controle. Enfim, eles me ajudam muito e fazem diariamente parte da construção do Gabriel hoje.

Outra coisa muito importante que eu ensino para eles é juntar dinheiro. Muitos dos que trabalhavam comigo já chegaram a poupar, em cinco meses, cerca de 2 mil reais. Eles falavam que, em sua trajetória em outros lugares, o salário era para pinga e prostitutas, porém hoje pensam diferente e têm atitudes diferentes. Hoje são grandes homens, e hoje eu só consigo ver o quanto Deus é muito bom para mim, através da vida de cada um deles.

. . . .

Eu já tive oportunidades de ser usado por Ele para falar com pessoas, sejam elas novas ou velhas, com pessoas que não acreditavam em Deus, de crenças diferentes da minha. Para mim a religião é uma só! Há um só propósito para mim, que é levar a palavra, ser solidário, ajudar as pessoas, levar amor e esperança. Hoje, falando por mim e pelo Grupo Harrison, tenho muitas expectativas para o futuro. Não cheguei nem na metade do caminho até o lugar ao qual quero chegar; tenho 30 anos e sei que a Harrison vai ser muito maior do que ela é hoje. Cheguei apenas a um por cento, e sei que no futuro será muito mais que isso.

Os melhores momentos da minha vida foram exatamente após o "expediente". É sempre após às dezoito horas que tudo flui. Pelo menos para mim e, acredite, para a maioria da minha equipe. Eu gosto muito de ir pra fazenda andar a cavalo, de ficar sozinho; eu gosto de ter meu tempo. O engraçado é que muitas pessoas já entendem quando eu quero ficar sozinho. Dias assim me fazem sair da Harrison, depois de resolver tudo o que tenho que resolver. Pego meu carro e sigo pela pista de Formosa, um município do estado de Goiás que fica a cerca de oitenta quilômetros de Brasília, e vou rumo à minha fazenda. No total, ando cerca de 250 quilômetros. Nesses momentos Deus fala comigo, quando eu estou andando de carro e quando eu estou sozinho também. Gosto demais do meu tempo e acredito que todos precisam ter seu próprio tempo. Você e Deus. E sempre vão existir coisas que as pessoas não vão entender, por exemplo: que você tem que estudar, que você tem que orar, e que há oração que você tem que fazer sozinho, que tem coisas que você tem que fazer sozinho. É simples: é você e Deus, e mais ninguém.

Hoje em dia a maioria dos diretores da minha empresa passou pela mesa de operações. Às vezes paro para pensar que a Harrison é muito mais que o Gabriel Harrison; é minha família. Eu falo que a minha equipe é minha família. Por exemplo, às vezes vem o estagiário com uma ideia, a gente pega a ideia dele e faz ela ser maior do que ele imaginava. Essa é a família que eu amo, é minha casa. É muito mais que um diploma, tanto que, nas contratações, como disse, eu nunca pedi um currículo. Hoje existe o setor de recursos humanos na empresa porque temos mais de quarenta funcionários, mas, até chegar nesse ponto, era eu quem conversava com a pessoa, perguntava qual era seu objetivo, o que ela queria para sua vida. A pessoa respondia e eu perguntava: "E o que você está fazendo para que isso aconteça?". Dependendo das respostas, eu decidia se iria contratá-la ou não, mas Deus sempre levou as pessoas certas para a Harrison, e hoje eu valorizo todos os meus funcionários.

Cumprimento todos e, quando saímos para jantar, vão todos. Paramos a empresa para ir todo mundo, nunca apenas uma parte. É a minha primeira casa, porque lá é a minha igreja, minha primeira casa. Por que uma igreja?

Porque lá eu recebo pessoas de várias regiões, de orientações sexuais diferentes, de tudo. Então a minha empresa é a minha igreja, e lá não tem preconceitos. Abraçamos todo mundo, abraçamos quem está endividado e abraçamos também quem está tranquilo. Trazemos uma visão diferente; de repente as pessoas estão realizando sonhos, comprando casa, carro, estão vivendo vidas que nem os pais viveram. A Harrison é a minha casa, pois quando eu estou lá eu não sinto nem vontade de ir embora, e isso acaba se espalhando para os próprios funcionários; eles sentem vontade de ficar lá até tarde.

Eu vejo Deus em tudo: vejo os funcionários fazendo cursos, faculdades, procurando melhorar a cada dia. Tem algo que eu sempre faço na empresa: as luzes da minha sala não se apagam. Estão lá minha arca da aliança e um telão, e todos os dias, quando saio, deixo um louvor tocando durante toda a madrugada, porque sei que Deus vai passar por lá, pois, quando venho para a minha casa e faço minha oração antes de dormir, eu peço a Ele que passe de sala em sala, cadeira por cadeira, abençoando cada funcionário, quebrando todo o mal, pois são quarenta pessoas, quarenta pensamentos diferentes. Tem dia em que um acorda mal e outro acorda bem, e temos que saber lidar com isso. Peço a Deus para me mostrar as coisas; quando eu vejo um funcionário triste, ele pode me dar um bom-dia como dá todos os dias, mas eu vou saber que algo não está bem, que aconteceu alguma coisa... Chego no funcionário e eu mesmo converso com ele;

às vezes eles ficam até espantados e perguntam: "Doutor, mas eu não falei nada para ninguém, como você sabe que eu não estou bem?", e eu respondo: "É Deus".

O pilar da Harrison hoje são os precatórios federais, e temos o braço direito, que são as operações de *day trade* e venda de cursos. Começamos com um curso, que hoje é o mais vendido do Brasil. Minha meta é vender um bilhão de reais em cursos, e eu tenho certeza de que vamos bater essa meta, porque não estamos falando somente de vendas de um curso, mas de levar oportunidade para mais de vinte milhões de brasileiros que vão ter acesso a ele.

Deus colocou dentro do meu coração um desejo de abrir meu próprio instituto, que é o Instituto Gabriel Harrison. E, hoje, grande parte do lucros com a venda de cursos, precatórios e deste livro são destinados ao instituto. Nossa meta é ter mais de mil crianças aprendendo com a gente, se divertindo, tendo dentista, médicos. Vamos criar oficinas de emprego para os pais das crianças matriculadas no instituto, com cursos de panificação, corte de cabelo, manicure, e também vamos ensinar sobre o mercado financeiro. A Harrison é muito mais do que a gente mostra no Instagram. Lá mostramos só uma parte, mas nosso coração é grande demais; tivemos a oportunidade de ser os primeiros do mercado a lançar um curso de *trader* traduzido em libras, levando a acessibilidade para todos os brasileiros e pessoas que moram em outros países — temos alunos nos Estados Unidos, na França, em Portugal, entre outros.

A Harrison se tornou muito forte no mercado financeiro, e nosso futuro é ser um banco de investimentos, mas um banco do povo. Eu quero um banco do povo onde as pessoas conheçam os melhores lugares para aplicar o dinheiro. Isso porque hoje as grandes instituições financeiras investem o dinheiro das aplicações em fundos que geram fortunas para elas próprias; são fundos privados dos bancos que geram dez vezes o que as pessoas colocam lá. As instituições têm às vezes cem vezes mais lucro que o 0,7 por cento que distribui. Por que não dividir? Por que não dar acessibilidade para todo mundo ter uma alta rentabilidade? Creio que isso não vai ajudar só os bancos, vai ajudar o mercado em si, vai girar a economia das nossas cidades-satélites, da nossa capital, dos estados. Se todo mundo pensar igual, pensar em crescer, nada vai parar a gente.

Então eu penso em tudo isso; penso muito em dividir um pouco dos nossos conhecimentos com todas as pessoas. E é o que estamos fazendo, certo? Nós fomos qualificando a empresa; antes ela não tinha *marketing*, e veio o *marketing*, não tinha professores, e contratamos professores, depois contratamos um diretor comercial, diretor estratégico... Isso foi crescendo e atualmente a Harrison tem a estrutura de uma empresa de grande porte. Hoje batemos no peito e encaramos qualquer meta, qualquer desafio.

Nós vamos levar a Harrison para todos os estados, e o futuro é estar em quase todas as cidades desses estados, levando oportunidade para o povo. Porque hoje quem entra na bolsa de valores tem um emprego — ser *trader* é uma profissão, você já não está desempregado. Se o Brasil investisse em educação financeira, nossa nação seria diferente. As crianças, os adolescentes, os pais de família iriam pensar diferente; hoje eles se afundam em empréstimos, em dívidas, porque não aprenderam quando eram crianças. A Harrison, com sua equipe, pensou em montar um curso de finanças, e criou o primeiro curso financeiro que será aplicado nas escolas públicas e particulares do Distrito Federal e entorno. A equipe está focada em expandir e levar esse conhecimento para todo o país. Estamos montando nossa escola financeira. A estrutura está pronta, já tivemos a primeira turma e a experiência foi excelente, com uma expansão gigantesca.

Sempre que penso em pessoas, penso na Harrison. Certa vez, eu estava precisando de uma quantia para dar continuidade em alguns projetos meus, e não tinha a quem recorrer. Na verdade, a única pessoa que eu tinha para me ajudar naquele momento era meu avô. E eu me lembro que um dia, já decidido sobre o que queria fazer, falei com minha mãe: "Mãe, eu acho que, se eu falar com meu avô por telefone, ele pode não me ajudar da forma como eu estou precisando. Eu tenho que ir lá pessoalmente, apresentar o projeto para o meu avô, e se ele me ajudar beleza, se não, não tem problema, pelo menos fiz a minha parte, e eu continuarei indo em frente". Logo procurei e comprei uma passagem para Quito, capital do Equador, dividindo em dez vezes. O engraçado — na verdade, engraçado agora, porque na época não foi lá tão engraçado assim... — é que foram mais de quatro escalas só para chegar lá, e me recordo muito bem que levei setenta dólares, o que equivalia a uns trezentos reais. Para você ter uma noção, de Brasília eu fui para São Paulo, e só a escala de São Paulo levou dez horas. Sei que no final eu iria demorar de vinte a 24 horas só para chegar em Quito, e com apenas setenta dólares. Com toda certeza a fome uma hora ou outra iria chegar. Todo mundo sabe que o "lanchinho" dos aeroportos não é nada barato, e então lá se foram cinco dólares. Ainda faltando cerca de umas oito horas para pegar o voo, eu me deparei com um local emborrachado, aqueles em que as pessoas costumam deitar-se. E lá fui eu dormir um pouco. Peguei minha mochila e dormi por ali mesmo. Outra coisa engraçada é que, quando dormi, eu tinha deitado com o rosto na mochila, e devo ter ido escorregando, escorregando, e, como estava com muito sono e cansado, também babei no tapete todo... Acordei então com a cara colada na borracha preta do tapete, e meu rosto ficou preto, preto. E, depois de seis horas de descanso por ali, eu resolvi levantar para ir ao banheiro, afinal faltavam apenas duas horas para pegar o voo. No caminho para o banheiro, vi muitas pessoas olhando para mim, com olhares diferentes do que a gente está acostumado a ver... E, quando me vi daquele jeito no espelho, eu só conseguia rir.

 Aquela situação me fez ver que, com toda aquela preocupação e todo aquele desespero que eu estava me sentindo, só dependia de mim mudar. Isso é bom. A gente aprende que o pesado nem é tão pesado, e que sempre se pode ir além. Tudo depende de nós! Também tem a ver com o nosso senso de humor. Talvez por saber quem sou: filho amado de Deus. Eu sei que tudo vai ficar bem, e, se não ficar, se Ele apenas estiver comigo, está tudo bem! Com as dificuldades da vida, aprendi que podem me tirar um momento de felicidade, mas a alegria? Ela mora comigo. Ela vem do alto! Ela vem de Deus. Quero então, hoje, te desafiar a rir mais, rir de si e dos outros, rir da vida. Rir nos dá força. Crie o hábito de viver com mais leveza a vida, porque aí, toda vez que o mundo desabar, você vai voar! Em Neemias 8:10, se diz: "A alegria do Senhor é a nossa força".

Quando cheguei em Quito, eu ainda tinha pouco mais de vinte dólares (pelo jeito economizei bastante, hein?), comendo tudo o que me ofereciam no avião. Eu fiquei por lá cerca de cinco dias. Na segunda noite, sentei para conversar com meu avô, e comecei a dizer: "Vô, é o seguinte: eu estou com um projeto muito grande e eu preciso da sua ajuda para a execução dele, e eu vim até aqui para ver se o senhor poderia me emprestar certa quantia..." Ele me ouviu com muita calma e atenção, porém falou que, naquele momento, não poderia me ajudar com a quantia de que eu precisava, pois ele estava com muitos projetos também. Eu não cheguei a falar nada, deixando-o tranquilo quanto a isso, pois eu realmente entendia que essa ajuda também poderia acontecer apenas de acordo com as possibilidades dele. E eu continuaria a acreditar e correr atrás da realização do meu projeto, e que Deus estava no controle de tudo. Eu conversei apenas uma vez com meu avô sobre isso, na via-

Toda vez que o
MUNDO DESABAR,
VOCÊ VAI VOAR!

gem. Os dias após aquela conversa foram passando, e eu só imaginando o que iria fazer quando chegasse em Brasília. Fiquei agoniado para voltar logo, para trabalhar e tentar outra maneira de conseguir aquele objetivo.

E então chegou o dia de retornar para Brasília. Ele me deu mais cem dólares para eu voltar, me desejou bom retorno e pediu que o avisasse quando chegasse no Brasil. E eu pensei: "Caramba, tenho 120 dólares". Recordo-me que eu tinha uma escala na Argentina, e eu não sabia que eram dois aeroportos, e que tinha que descer em um e correr para o outro. Pedi então um táxi para esse trajeto e, na hora de negociar o valor, imagina só?, o taxista me cobraria 140 dólares, enquanto eu tinha apenas 120. Logo eu falei que não tinha esse valor todo, que poderia dar apenas cem dólares; de início ele não aceitou de jeito nenhum, mas, depois de muita insistência, decidiu que me levaria por cem dólares. E assim foi, eu voltei para o Brasil ainda com os vinte dólares.

O poder do "não" pode ser um degrau para que você alcance seu objetivo. A gente está preparado para recebê-lo? Ah, com certeza, não! Mas não tem problema. Os nãos que você recebe durante sua jornada dependem muito mais de você que de quem os diz para você. O que não significa que todos eles sejam para o seu bem; você tem que treinar a sua mente, sua alma e seu coração para quando eles surgirem. Muitas vezes a gente tem que estar disposto a ouvir um não. Naquele momento o não do meu avô me fez abrir os olhos e ver: "Opa, espera aí. Se não foi nessa porta, eu irei bater em outra. Uma hora eu sei que alguma vai se abrir. O que eu não posso fazer é desistir".

Quando voltei, eu me dediquei bastante ao meu projeto e, graças a Deus, as coisas começaram a dar certo. O meu avô, logo depois, conseguiu realizar o projeto que tinha e, quando eu menos esperava, após uns cinco meses, ele me abençoou, mandando uma quantia boa na minha conta, o que me ajudou bastante. Em tempo e fora de tempo, Deus é bom! Todos nós sabemos que Deus é soberano, e que nada, exatamente nada, foge do seu domínio e controle. Mas eu percebo que a cada dia que passa isso fica mais evidente para mim. E como é maravilhoso me render a esse controle, ao controle do que Ele quer, e no tempo Dele! Se você parar para pensar, é bom usar o livre-arbítrio para ESCOLHER POR ELE, por Sua vontade, mesmo que isso implique abrir mão da minha vontade do meu tempo, e estar totalmente condicionado ao tempo Dele. Isso muitas vezes nos levará a fazer como Jesus: "Pai, se queres, passa de mim este cálice; todavia não se faça a minha vontade, mas a TUA" (Lucas 22:42).

É nesse nível de confiança que devemos "caminhar". Mesmo que pareça cruel, injusto e sem sentido escolher confiar no caminho decidido por Deus. Mas, claro, aqui estou falando do caminho guiado por Ele, o caminho que está de acordo com Sua Palavra. Pois o contrário disso dói mais, muito mais! A Graça nos possibilita desfrutarmos de uma vida totalmente plena com Deus, mas o caminhar com Ele é uma escolha diária. Confiar que os nãos que recebemos

Quando você vir alguém crescendo na vida, entenda que simplesmente **CHEGOU A HORA!**

Pois com certeza essa pessoa semeou, regou, cuidou e agora o fruto **SE MANIFESTOU.**

podem ser para o nosso tempo é uma semeadura. Se semearmos e esperarmos, veremos que no tempo oportuno o fruto aparecerá. Acredite, ele sempre aparecerá, a colheita é certa. Eu acredito que algumas coisas podem acelerar ou atrasar nossa jornada, e isso não tem problema. Outras requerem um tempo mais preciso e "demorado", digo, o tempo apropriado para o fruto. Por isso, acalme-se, pois a sua pressa não vai fazê-lo vir mais rápido. A sua pressa não irá acelerar o seu futuro. Você já parou para pensar que fruto antes da época já nasce podre? O que o torna impróprio para o consumo. Posso dizer por mim mesmo: muitas pessoas falam que "cresci rápido demais", mas isso não é verdade, e te encorajo a começar a ver as coisas de outra forma. Por exemplo: quando ver pessoas "do nada" virando uma árvore frondosa, não se assuste. Quando você vir alguém crescendo na vida de forma maravilhosa e surpreendente entenda que simplesmente CHEGOU A HORA! Pois com certeza essa pessoa semeou, regou, cuidou e agora o fruto se manifestou.

    A vida é um propósito; aprecie os processos e aprenda com cada um em vez de reclamar deles. Se curve ao invés de endurecer. Agradeça em vez de reclamar. Por que José demorou tanto para se tornar governador do Egito? Porque ainda não era o tempo. Por que Jesus esperou trinta anos para "iniciar seu ministério"? Porque esse era o tempo determinado, esse era o tempo apropriado. Então, se sua vida está sendo direcionada pelo Espírito Santo, descanse, o tempo determinado irá se manifestar, ele não falhará. Apenas permaneça crendo, permaneça buscando, cuidando "da árvore". Lembrando que a fé sem obras é morta, coloque-a em ação. Essa fé precisa vir acompanhada de uma atitude de nos sujeitarmos ao que Ele diz, e aqui estou falando para quem escolheu viver uma vida com propósito, uma vida direcionada por Ele. Não use o seu livre-arbítrio para fazer o que "te der na cabeça"; se não for algo errado, com certeza terá boas colheitas, será abençoado. Mas se quiser viver no raso, ok. Escolhas são escolhas! Mas eu quero te encorajar a ir mais fundo, a REINAR. E, para reinar, só sendo filho maduro. E nós sabemos bem que para reinar geralmente o filho faz o que vê o Pai fazendo, não é mesmo? Às vezes, a parte mais difícil da jornada é acreditar que você é digno da viagem, e, acredite, você é digno! Então, sugiro que aproveite o passeio.

O Grupo Harrison foi um sonho para o qual eu tive que me planejar bastante, e várias vezes precisei acreditar nele sozinho. Mas consegui.

Agora é a sua vez, seja ousado! Escreva o seu sonho, mesmo que neste momento ele pareça muito distante da sua realidade. Eu te encorajo a acreditar nele mais do que ninguém. Você é capaz. Ponha Deus em tudo, e agradeça por tudo.

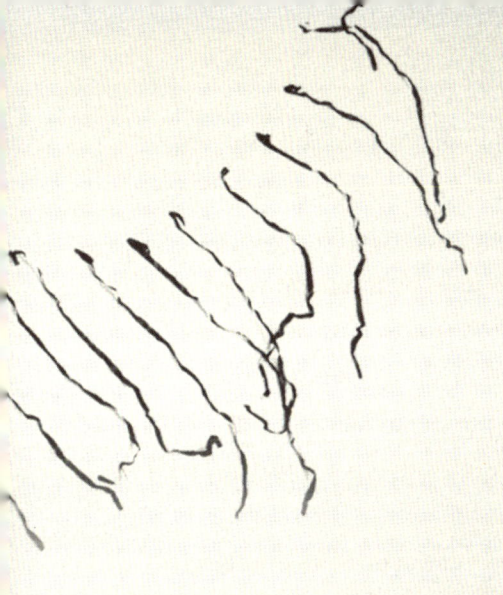

5. VIDAS QUE FALAM

Este capítulo possui um significado especial e marcante na minha vida. Senti em meu coração o desejo de compartilhar esses *feedbacks* que ocorreram ao longo da minha existência de uma forma mais real, digamos assim. Será um capítulo bem diferente dos anteriores, mas no bom sentido: inspirador, autêntico, incentivador, talvez recriminado, criticado ou até mesmo visto por um olhar cético, mas com certeza real, verdadeiro, correto e sincero. Como provarei?

Talvez não tenha como provar, talvez eu nunca consiga fundamentar e confirmar algumas das ações que pratiquei no decorrer de toda a minha vida, até porque não me preocupei em registrar tudo o que já fiz e o que já me doei para ajudar as pessoas; não me preocupei nem imaginei essa possibilidade. Eu não tinha a noção da grandiosidade dos planos de Deus para a minha vida.

Todos já sabem que creio que Deus tem planos maravilhosos para a vida de cada um de nós, mas eu, sinceramente, não imaginava que seria tão abençoado, tão honrado por Deus, não por achar que Ele não pudesse me dar, mas por achar que eu não merecia tanto amor de um Deus grandioso. Mas, saiba, eu e você somos dignos de bênçãos e transformações de Cristo, só precisamos crer e aceitá-las.

Às vezes me pego admirando todas as bênçãos que já recebi e reflito sobre como tais bênçãos podem ser surpreendentemente maiores do que todos os míseros planos que um jovem sonhador poderia idealizar. Acredite se quiser: todas as ações que já realizei não foram para fins de promoção pessoal. Longe de querer ser ou provar que sou melhor que alguém, mais distante ainda de querer me exibir para a sociedade, muito menos de me engrandecer como aquele que tem piedade dos que necessitam de esperança e ajuda, pois o único que possui a dignidade e a honra de doar graça e misericórdia é o nosso Deus.

Como você já sabe, ajudar faz parte da minha vida desde que eu me entendo por gente. Isso não diz que sou perfeito ou o melhor dos seres humanos, mas diz muito sobre quem eu sou, sobre a minha personalidade, meu jeito de ser, minha crença, e minha decisão diária de ser alguém que ajuda as pessoas a ter um pouco mais de esperança neste mundo tão egocêntrico. Meus familiares notaram desde cedo essa característica em mim e, graças a Deus, eu cresci com isso; é algo realizador, pelo qual me sinto completo e feliz constantemente. Tenho certeza de que você também sente a sensação maravilhosa e renovadora de ajudar alguém, não é mesmo? E isso é o que eu sou, é o que amo fazer, e Deus me escolheu para eu fazer a minha parte. Tudo tem um propósito. Cada bênção, cada dificuldade é uma nova missão para fazer a diferença na vida das pessoas e mostrar através de mim o amor infindável Dele. Busco sempre transmitir Seu amor para as pessoas que vivem e convivem comigo.

Para esta parte do livro, escolhi deixar que as palavras singelas falassem por si só, pelas histórias daqueles que sentiram e presenciaram os momentos que mudaram de alguma forma suas vidas e, claro, sem dúvida, marcaram principalmente a minha. Quem ajuda recebe mais que aquele que foi ajudado.

Histórias me motivam, vidas também, e quero estar presente para o maior número de pessoas e da melhor forma possível! O projeto Transformando Vidas vem fazendo a diferença, e vi a oportunidade também de que andasse junto com o curso Quero Ser Trader! Temos percorrido vários lugares do Brasil, lugares onde ninguém vai, onde as pessoas estão sendo esquecidas, e eu e minha equipe do Grupo Harrison decidimos chegar nesses lugares para acolher e mostrar que existe uma esperança! Eu sempre tento passar para a minha equipe a noção de que ser próspero tem a ver com o próximo, e fico honrado quando vejo os frutos deles por aí. O principal intuito do Transformando Vidas é promover ações sociais que cumpram com esse objetivo. Em cada parágrafo a seguir você verá ações sociais, e é importante dizer: é investimento em pessoas, que realizamos sem hesitar.

Nosso maior propósito é investir em pessoas, sempre. Depois de lançar o curso Quero Ser Trader para ajudar leigos no mercado financeiro a se tornarem investidores na bolsa de valores, um rapaz com deficiência auditiva procurou a gente, pois tinha interesse em fazer o curso, e por meio dessa pessoa sentimos em nossos corações a necessidade de incluir a linguagem de sinais no curso.

· · · · · ·

Certa vez, fui à Goiânia comprar uma malha com minha mãe, e havia uma pessoa em pé parada na estrada. Senti então no coração que deveria ajudar aquela pessoa. Fiz o retorno, voltei, parei o carro do lado do homem e falei primeiro de Deus, como eu sempre faço. Naquele momento senti que tinha que ajudá-lo com uma quantia em dinheiro; o rapaz começou a chorar quando contei o que eu tinha sentido, e mais uma vez percebi que é impressionante como Deus age sobre as pessoas. Fazer isso me faz tão bem. Eu lembro que fui de lá até Goiânia chorando no carro com minha mãe. Não sei, mas sempre que ajudo alguém, sempre lembro do que eu já passei, e só de pensar nisso me emociono e me inspiro a continuar.

Os funcionários do Grupo Harrison e eu visitamos uma vez o Lar dos Velhinhos, que fica em Sobradinho. Lá eles oferecem artesanato feito pelos idosos, que é vendido para auxiliar na renda do asilo, o qual é conveniado ao governo do Distrito Federal e também sobrevive de doações. Nesse dia doamos cerca de cinquenta cestas básicas.

Tive a oportunidade de conhecer um lindo menino que se chama Cleiton, morador do povoado de Canabrava, localizado em Ibotirama, na Bahia. Ele foi um dos que tiveram a vida transformada! Sempre me emociono muito com a história dele; Deus tocou no meu coração e senti que eu precisaria ajudar a transformar seu sonho em realidade: o sonho de ter uma casa própria para sua família, uma cama, um quarto só para ele e um banheiro. Imagina só, você viver um momento tão cheio de oportunidades e desejar apenas ter um banheiro... Para promover essa mudança, a minha equipe e eu nos deslocamos até a cidade e fizemos uma grande surpresa para o Cleiton e sua família! Além disso, foram distribuídas cerca de 250 cestas básicas para a população de Ibotirama. Foi um momento muito marcante na minha vida. A situação na qual eles moravam era desumana — o banheiro, a pia, os quartos, o piso, a comida, tudo. E eu me sinto honrado de ter tido a oportunidade de mudar um pouco que seja a realidade deles. Eu nunca vou me esquecer! O Cleiton é um menino muito especial.

Uma ação social que também pude realizar foi com o Amar Jesus no Irmão de Rua, um projeto muito bacana. A galera sai para cantar, levar comidas e amor para os moradores de rua de Planaltina. Nesse dia, distribuímos cem pizzas, sucos e refrigerantes para moradores de rua e, claro, muita alegria, muito amor e muito carinho a todos.

Uma mulher que se chama Magna não hesitou em procurar o Grupo Harrison para pedir ajuda por conta de suas condições precárias. A casa dela era humilde, suas contas estavam atrasadas, e ela, desempregada. Então resolvemos ajudá-la, também sem hesitar: demos-lhe a casa reformada e já com emprego garantido no Grupo Harrison.

Tivemos a oportunidade de ajudar um rapaz que se chama Miquéias. Ele é um jogador de futebol que tem todo o potencial para seguir carreira, mas não tinha condições financeiras para alcançar seu sonho. Quando eu sinto que posso fazer alguma coisa pelo próximo não hesito, e mais uma vez não hesitei! Levei ele ao *shopping* e pude ajudá-lo a comprar tudo de que precisava naquele momento para poder seguir seu sonho.

Em uma comunidade carente no Recanto das Emas, no Distrito Federal, chamada Fale, entregamos uma parte das cestas básicas que recebemos do nosso curso presencial Quero Ser Trader. Cestas que ajudam direta e indiretamente. Sim, porque o curso presencial Quero Ser Trader, que está rodando por várias cidades do Brasil com professores qualificados e um conteúdo exclusivo e completo, não é só sobre o ensino em si. Também com isso (a entrada para o evento são duas cestas básicas) podemos ajudar outras pessoas, na dificuldade ou na falta! E quero incentivar o máximo de pessoas possível a pensar e agir assim.

Lembro-me que, logo no início, no sindicato, em 2016, já estava começando essa situação da imigração dos venezuelanos (hoje chamados de refugiados), e a minha situação financeira já estava melhor. Havia um taxista que, quando eu chegava a Boa Vista, sempre ia me buscar no aeroporto e me levava para tudo que era lugar. Se não me engano o nome dele era Seu Raimundo (ou seria Seu Antônio? Não me lembro bem). O sindicato fica perto da rodoviária internacional de Boa Vista, ao redor da qual os venezuelanos estavam se aglomerando. Eu pedi para o taxista comprar um monte de marmitex e enchi o carro, e fui entregar comida para tudo quanto era gente — brasileiros, venezuelanos etc.

Eu sempre gostei de pensar no próximo, olhar para o próximo. Talvez seja porque poucos fizeram isso por mim? Talvez. Volto a dizer, quando honramos pessoas, glorifica-

Nosso maior
PROPÓSITO é

INVESTIR
em pessoas, sempre.

mos a Deus. Por volta de 2012, mais ou menos, eu conheci uma família, a qual decidi que iria ajudar a partir de então. Eles moravam no Mestre D'armas, uns dos bairros de Planaltina. Eu sempre entregava cestas básicas para uma pastora que morava lá, ajudando-a também a pagar as contas de água e luz. Lembro-me que ela tinha uns seis filhos e muitos netos. Uma situação realmente muito difícil, com falta de comida, luz, água. Nem muro tinha na casa onde eles moravam. Naquela época, as coisas na minha vida financeira estavam começando a dar certo, mas eu também tinha muitas contas para pagar. Sei que naquele momento uma das minhas primeiras metas para ajudar aquela família era construir um muro para aquela casa. O mínimo que eu poderia fazer nessa época por eles era dar esse muro; comprei os tijolos, cimento, e quem ajudou a levantar o muro foram os vizinhos dela. Com toda a certeza não conseguiria definir a felicidade que ela sentiu nesse dia, o dia em que entregamos a obra.

 Com o passar do tempo ajudando aquela família, percebi que os filhos dela começaram a ficar acomodados, pois sabiam que todo mês lá estava eu para suprir as necessidades; então decidi que iria começar a ajudá-los, mas de outra forma. E sabe como? Comecei a pensar em possíveis negócios para eles começarem a fazer o próprio dinheiro e, claro, a sonhar mais. Eu tinha um pouco mais de quinhentos reais na conta, e falei com ela: "Olha pastora, que tal a gente montar um verdurão aqui na sua casa? Eu tô vendo que não tem nenhum verdurão por aqui de fácil acesso para a comunidade. As pessoas têm que sair daqui, andar cerca de cinco quilômetros até a parada para ir à feira, que está a mais uns dez quilômetros da sua casa. Vamos começar a pensar sobre isso. Se a senhora montar isso aqui, vai arrebentar de vender". Lembro-me que naquele tempo o pessoal da feira tinha começado a separar as verduras em saquinhos, vendendo, por exemplo, dez saquinhos pequeninos por dez reais. E foi dito e certo: levei ela na feira e compramos tudo que era necessário para darmos início nesse projeto. Compramos uma caixa de cada produto: batata, cenoura, limão, maracujá, cebola, pimentão, além dos saquinhos transparentes. Foi então que surgiu o primeiro negócio dela! Arrumamos tudo para que no dia seguinte ela já começasse a vender, e foi o que ocorreu. E o legal foi que os vizinhos e as pessoas que moravam nas ruas de cima e de baixo aceitaram de uma forma grandiosa esse novo "comércio" que estava dando início ali. Pudemos ver o quanto o pessoal estava feliz por ver o crescimento dela e da família. Deixei uma tabela de preços, expliquei direitinho como eles poderiam vender, expliquei que, se fizessem da forma como eu disse, eles poderiam ter um retorno de duas vezes o que gastaram, e por fim confiei a eles uma semana para tomarem conta do negócio, e retornaria na semana seguinte para ver como estavam se saindo nas vendas. E disse, claro, que aquele poderia ser o "pontapé" dos projetos deles, com os quais poderiam crescer e mudar toda sua vida. Esse dinheiro permitiria a eles pagar as contas, comprar uma carninha diferente para comer toda semana, enfim, ter qualidade de vida e, consequentemente, dignidade.

Agora prestem atenção. Passou uma semana e, quando retornei, eles tinham vendido tudo. E eu disse: "ÓTIMO. E quanto é que deu aí para vocês?", lembrando que eu investi pouco mais de quinhentos reais. "Bom, agora precisamos tirar um pouco desse lucro para comprar mais verduras para a próxima semana". Então eles falaram que não tinham mais nada, porque já tinham gastado todo o dinheiro. Na hora, fiquei sem entender, e tentei explicar para eles que não pode ser assim, que entra aí a "segunda regra" de um negócio: você sempre tem que guardar um pouco do seu capital para poder reinvestir ele de novo. O LUCRO, você pode, sim, usá-lo para pagar uma conta ou outra, mas tem que guardar uma parte dele para aumentar o seu negócio. Pois, a partir do momento em que você vê que algo deu certo — como podem ver, pela primeira semana, que o negócio deles deu —, entende que poderá crescer, então algo tem que ser poupado para que você possa acompanhar esse crescimento. Umas três ou quatro semanas depois eles começaram a ter muito sucesso — logo depois começaram a vender até cachorro-quente.

Isso me ensina tanta coisa. Uma delas é que, se eu puder dar o primeiro passo, o darei sempre, por mim e pelo próximo. É impressionante como TODA situação serve de aprendizado para nós, independentemente do lado em que estamos. Se somos ajudados ou se somos nós que estamos ajudando, há algo ali que pode nos ajudar a melhorar. Se somos o "agente" ou o "reagente", diante de toda ação e/ou reação há uma lição escondida. E, diante de ambos, está a gratidão. Eu acredito muito que os grandes feitos são construídos a partir de pequenas coisas. E foi exatamente o que aconteceu ali. Assim como essa, quantas vezes deixei meus afazeres para ir assistir alguém falar, para prestigiar, apoiar, ajudar. Em certo momento, eu também precisava de apoio, também precisava de investidores, também precisava que alguém acreditasse no meu sonho. E em minha mente só vinha "sujeitando-vos uns aos outros" (Efésios 5:21), "considerando uns aos outros superiores a vós mesmos" (Filipenses 2:3). Se estivermos atentos e com um coração disponível e sensível, podemos ser aperfeiçoados a todo instante. Não estou isentando ninguém de sua responsabilidade. Estou apenas mostrando que, mesmo que a "responsabilidade" seja do outro, há uma oportunidade de crescimento para nós, sendo ajudados ou ajudando alguém. Contribuir para ver o outro crescer não é pecado! Que possamos perceber cada situação como uma oportunidade de crescimento.

Contribuir para ver o outro crescer

NÃO É PECADO!

Não posso terminar este livro sem antes agradecer a cada um dos meus funcionários, que fazem parte dessa família que se chama Grupo Harrison. Minha gratidão e meu agradecimento a todos que de alguma forma entraram na minha vida e fizeram dela a sua morada, e a minha também. A seguir, você encontrará alguns entre os vários depoimentos de pessoas que dizem que eu marquei a vida delas de forma exponencial — mal sabem elas que foram elas que me marcaram.

ARISTEU PEREIRA

"O Gabriel veio lá de baixo, não ganhou nada de ninguém. Ninguém deu nada para ele, ele correu atrás sozinho. Eu confio cem por cento nele, sabe? Tudo o que eu tenho hoje de patrimônio está no Grupo Harrison, comecei lá com precatórios, e desde o começo foi assim. Eu fui o primeiro investidor dele, ele me ligou e eu só falei: 'Passa o número da conta e o CPF', fiz a TED no mesmo momento; fui lá no banco na hora porque o valor era elevado. Eu não me arrependo de nada, não me arrependo de ter ajudado ele lá atrás... Ele tem um sentimento de gratidão muito forte, e sabe retribuir essa gratidão. Quem conhece ele sabe que naquilo que ele puder ajudar, ele vai te ajudar, e quando você ajuda ele, ele não esquece, diferente de alguns. Tem umas pessoas que você ajuda, faz as coisas e a pessoa esquece, e o Gabriel é diferente. Ele não esquece, e isso é muito bom. Essa é uma qualidade muito boa nele; ele é um cara correto, para ele o certo é o certo, e você pode confiar. Já indiquei ele para vários amigos, que hoje estão com ele e estão supersatisfeitos; são investidores e vão continuar investindo. E hoje a Harrison está aí e, se Deus quiser, vai ser um banco futuramente. Ele é um amigo; já passamos muito aperto juntos e ele não abandona um amigo."

MARCOS MENEZES

"Eu era estagiário de Direito no escritório de advocacia e o Gabriel era sócio do dono. Geralmente as pessoas que entravam no escritório não me cumprimentavam. E isso me fazia ficar acanhado, mais calado. Porém teve um dia que entrou um rapaz moreno; ele bateu na porta e foi um dos primeiros caras que me cumprimentou lá dentro — eu levei até um susto. Me questionei: "Nossa, quem é esse cara?" Era o Gabriel. O tempo foi passando e ele continuou indo lá e me cumprimentando, sempre com esse sorriso e essa alma generosa dele. Uma vez a gente foi imprimir uns documentos, e ele me perguntou se eu achava melhor um empresário usar um iPhone ou um Samsung. Sem pensar duas vezes, respondi que era um iPhone. Acho que a partir do momento em que fiz isso, eu demonstrei para ele que tenho atitude. Um tempo depois, o meu antigo chefe queria me demitir. E o Gabriel ficou sabendo disso, mas ele primeiro perguntou para o meu chefe se ele realmente não queria ficar comigo, e o meu chefe não fez nenhuma questão disso. E então ele me chamou em sua sala perguntando se eu queria trabalhar para ele das oito horas às dezoito horas como "estagiário", e ele me pagaria um valor simbólico por isso. Sempre tive sonhos e metas, e muitas vezes fui tachado de maluco, mas ele não me via assim; ele sempre acreditou em mim. Eu tenho mais de cinco anos de empresa, nunca faltei um dia, nunca dei um atestado, e hoje sou o vice-presidente do Grupo Harrison. E eu sou muito grato por tudo o que a gente passou, tudo o que eu aprendi com ele. Ele me moldou e me fez ser quem hoje eu sou. É um grande irmão e amigo, e tenho a mãe dele como mãe, e ele a minha. Na empresa a gente sempre sonha junto. Digo que os melhores projetos da empresa sempre aconteceram após as 21 horas, quando todo mundo ia embora, e lá estávamos nós fazendo planos e sonhos."

BISPA LUCIANA FONTENELE
"Conheci o Gabriel em um momento muito difícil para mim, através de uma pastora que era amiga dele, chamada Socorro. Ele tinha ido levar uma panela para ela, em um chá de panelas feito na minha casa. Ele foi embora do chá muito rápido, mas depois daquele dia não perdemos o contato, porque sempre estávamos em oração. O que sempre me chamou atenção no Gabriel é a fé dele. Muitas foram as dificuldades que o vi passando, mas sempre com um sorriso no rosto, sempre declarando que Deus é bom e cheio de projetos. Começamos a fazer várias campanhas de oração e, assim, ele começou a ir várias vezes na igreja.

Com o passar do tempo, ele começou a fazer muitas viagens e, antes dessas viagens, ele e a mãe passavam na minha casa para orarmos. E sempre ia com a fé e a coragem! Conforme o Gabriel caminhava para a realização dos seus projetos, as dificuldades também aumentavam. Posso dizer que nem nos momentos mais difíceis de sua vida ele deixou de ajudar as pessoas. Vejo o Gabriel como a resposta da oração de pessoas que estão aflitas e em momentos que precisam da resposta de Deus! Passamos a fazer o plano de subir ao topo do monte por quarenta dias para que Deus o ajudasse, e assim foi por diversas vezes. Lá estava ele no monte orando, e pedindo a Deus força, coragem e fé. A vida dele é do impossível sendo gerado pela fé, a sua bondade é sempre notória. Oro para que Deus possa abençoá-lo cada dia mais, e que ele possa ser sempre essa referência de fé na vida das pessoas. Como disse no início, ele sempre foi usado por Deus para me ajudar em várias situações. Uma delas foi quando eu estava com meu filho doente, João Gabriel (que inclusive trabalha com ele hoje), naquela aflição. Certo dia, o Gabriel ficou sabendo que ele estava doente e foi na minha casa; chegando lá, decidiu que iria pagar o plano de saúde para o meu filho. E, por causa dele, o meu filho fez uma cirurgia de vesícula no valor de 40 mil reais. A minha família e eu amamos ele. O Gabriel passou a ser ovelha, amigo e irmão. Ele é uma pessoa do nosso coração, da nossa família, e o que eu desejo para ele é que a cada dia ele possa crescer mais como uma árvore frondosa. Ele sempre coloca Deus em ação!"

AP. TARCIZIO ARAUJO

"Falar do doutor Gabriel é fácil. Ele é um homem de alma nobre, espírito quebrantado, de coração espaçoso para o bem e com uma visão além do seu tempo. Ele é alguém que nasceu com a graça de transferir riquezas e produzir alegria na vida de todos os que o cercam. Esse é um homem agraciado pelo Senhor que tocou a terra."

EDUARDO CASTANHO

"Quando eu conheci o Gabriel, foi indicação da pastora Luciana para ir à minha clínica e realizar um processo de emagrecimento. Quando ele chegou no consultório, todo educado, não muito bem vestido, estava com uma aparência bem cansada, mal cuidado, sabe? Na hora eu até pensei: 'Caramba, esse cara aí tá ruim, hein?' E a pastora Luciana tinha comentado comigo que ele estava tendo muito sucesso na vida profissional. Conversando com ele, percebi que era um cara muito focado no trabalho, e a todo momento ele falava um pouco de Deus. Isso é até um pouco diferente para mim, porque eu nunca fui tão ligado a essas coisas, igreja, Deus. Logo ele topou fazer o tratamento de emagrecer, e, durante o tratamento, passei uma dieta para ele comer só um vegetal e uma proteína — comer bem pouco mesmo, sabe? E em vinte dias ele conseguiu atingir o objetivo! Nesse tratamento, tem que enviar uma foto dos pratos do almoço e da janta e o peso diariamente, e, sempre que me enviava as fotos, ele me encaminhava também uns gráficos, águias, e eu não entendia nada, mas respondia 'Ah, legal'. Depois de um tempo ele sumiu, mas logo retornou pedindo ajuda para emagrecer novamente, pois já tinha ganhado e perdido tudo o que tinha conquistado. Conversa vai e conversa vem, ele começou a me explicar sobre a empresa. Logo comecei a conversar com um pessoal de Planaltina que conhece ele; o pessoal falava que ele cresceu muito rápido e que, se fosse eu, não investiria. Lembro-me de ter perguntado até para os meus pais e meu irmão. E a única que me apoiou foi a minha mãe, inclusive, assim que eu comecei a investir, ela também investiu. De resto, ninguém me indicava fazer o investimento. Mas, depois que todos viram que o negócio era seguro, começaram a investir também. Eu conversava muito com ele. O Gabriel é meu melhor amigo aqui em Brasília; foi ele que me aproximou um pouco de Deus, e eu sou feliz por isso."

SADISLEY DAMASCENO

"Na época em que o conheci, ele tinha só 23 anos, e eu ficava imaginando onde é que ia parar aquele menino. Às vezes, quando converso com ele hoje, eu fico pensando 'Rapaz, como é que pode um menino de 23 anos desses chegar aonde ele chegou'. Não sei o que vai ser dele no futuro, porque ele é tão jovem ainda. Eu sempre falo dele para os meus filhos, meus amigos... Lá na minha fazenda, eu conto para os meus funcionários e para os vizinhos o que ele fez, o que ele representa e o que ele ainda vai ser. Eu digo que todos ainda vão ouvir muito sobre esse rapaz, porque ele tem um futuro."

DIEGO MICHEL

"Ele consegue perceber na pessoa o que lhe falta e o que tem de bom, para que ele possa desenvolver. Não é todo mundo que nasceu para determinado cargo, para ser chefe, por exemplo. Mas ele pega a pessoa e consegue realizar isso. Através da motivação, ele sabe ajudar a pessoa a achar o seu melhor com aquilo que ela tem na sua nova realidade. Ele é realmente uma das pessoas mais humanas que eu já conheci."

LUIZ CARLOS

"Quem vê ele hoje, não sabe os trilhos de dificuldades pelos quais ele passou. Eu sempre soube que ele ia aonde quisesse com a condição que tem. Sempre soube que, entre as muitas centenas de milhares pessoas que conheço no meio do cristianismo, há poucas ou quase nenhuma que professam Cristo de uma maneira tão diferente como ele faz através das atitudes."

FILIPE HARRISON

"Machuquei muito o meu irmão e, mesmo eu dando muito trabalho, ele nunca desistiu de mim em nenhum momento. Eu não conseguia enxergar, mas o meu irmão foi aquela luz no fim do túnel para mim e ele não parava de brilhar. Eu queria ser igual a ele, seguir o caminho que ele fazia, e é gratificante poder ajudar as pessoas, dar também a elas essa visão de que não é só isso, que pode ser muito além. E ele, o Gabriel, me ensinou isso."

WEYVISSON DE MESQUITA

"Admiro muito a pessoa que ele é, a sua história, que é muito bonita. Ele não tinha nada e hoje é uma pessoa de muito sucesso. Ele ajuda as pessoas e eu acho isso bacana. A consequência é que ele é muito querido por todos."

SILVIO ROCHA

"Me chama muita atenção a bondade que ele tem. Essa caridade é algo que ele tem e me ensina há muitos anos, né? E, enfim, é por isso que não tem como não se sentir orgulhoso."

JOSE ARTUR

"Tem muito pouco tempo que trabalho com ele, mas pude ver que ele é um camarada que costuma ouvir muito as pessoas. Talvez a maior palavra de apoio que ele me deu tenha sido a confiança que depositou em mim. Eu acho que isso não tem preço."

KASSIO LESTATIC

"Este livro com certeza vai mudar muito a mente daquelas pessoas que estão querendo desistir dos seus projetos, que estão achando difícil, ou, às vezes, quando a família não está apoiando. A mudança é para que não desistam, que continuem focadas nos sonhos, nos projetos, porque uma hora vai dar certo e elas vão provar para todos que basta ter perseverança."

DIEGO SOUZA

"Conheci o Gabriel uns meses atrás. Nosso primeiro contato foi por indicação do Deive Leonardo, um amigo em comum. Ele é uma pessoa que sempre me motiva com seu jeito humano de ver as coisas e com sua autoestima. É humilde, simples e leal. Eu vejo o Grupo Harrison como uma empresa que tem um potencial gigantesco e grandes possibilidades de se tornar uma referência e uma das maiores empresas do Brasil no seguimento de investimentos e educação financeira."

BRUNO SOUSA

"O espírito de liderança que o Gabriel tem é de chamar muita atenção. A gente o atende não só porque ele é o dono da empresa, mas também pela admiração da pessoa que ele é como um todo, seja como pai, família, empresário, *trader*. Não é algo forçado nem obrigado, a gente tem interesse, amor, dedicação em estar perto dele. Ele é uma pessoa alegre, leve e para cima. Mesmo com problemas difíceis fora da empresa, ele sempre chega com o mesmo sorriso, a mesma animação de sempre, falando sempre a famosa frase dele: "Vamos para cima, galera!"

PAULA LEMOS

"Eu vejo o Gabriel como uma pessoa que tem muitas ideias e que precisa de pessoas muito boas ao seu lado para poder executar o que ele coloca. Muitas vezes ele acaba se sobrecarregando e se cobrando demais, e é por isso que eu, como diretora administrativa da empresa dele, tento organizar e auxiliá-lo o máximo possível nas coisas relacionadas à empresa e, ao mesmo tempo, cuidar dele como pessoa, como se fosse alguém da família. Acho que é esse o sentimento que tenho: como se fosse da minha família, como se tivesse que protegê-lo de tudo. Tenho por ele o sentimento de amizade como tenho por qualquer outra pessoa de quem gosto muito, e acho que a minha função principal aqui dentro e na vida dele é tentar mostrar o caminho que talvez ele não esteja enxergando, pelo tanto de coisas pelas quais ele passa, e ao mesmo tempo protegê-lo das coisas que podem acontecer no futuro."

RENAN FONTENELE

"Eu sempre fui um cara que gosta de inovar. Quando entrei no Grupo Harrison, vim em busca de novos conhecimentos e novas oportunidades. Minha esposa tinha acabado de descobrir que estava grávida, e eu já tinha um outro emprego — trabalhava na Chevrolet há uns três anos. Então, imagina só: minha vida financeira já estava bem estabilizada, mas, quando ele me apresentou a proposta e seu sonho, eu não pensei duas vezes e decidi voar junto com ele nessa. O Gabriel é uma pessoa que me inspira e motiva muito; eu acredito nesse sonho e darei sempre o meu melhor. Iniciei como *trader*, o que me transformou e me levou a chegar onde cheguei hoje, como diretor comercial do Grupo Harrison. É gratificante trabalhar numa empresa onde um dos seus propósitos, inclusive do próprio presidente, é investir em pessoas."

AMANDA HOLANDA

"Eu conheci o Gabriel em 2012. Ele esteve em vários momentos da minha vida, sendo eles bons ou ruins. Momentos esses em que eu não tinha mais nenhuma perspectiva de vida, de verdade, pensei que era meu fim. Ele não tem medo, ele tem metas. E se não der certo ele está disposto a recomeçar, e tentar de novo e de novo. O Gabriel é muito focado nas coisas dele, nas coisas que ele deseja. Eu me lembro que estava concluindo a minha faculdade e pensei seriamente em pagar para alguém fazer o meu TCC, e comentei com ele sobre isso: 'Ah, eu acho que vou pagar para fazer, porque é muito difícil, não vou dar conta'. Aí ele: 'Não! Negativo, você não vai pagar, não. Vai fazer, sim, porque você consegue e é capaz', e aí eu fiquei pensativa com as palavras dele, e assim foi. Toda vez que eu pensava em desistir, eu lembrava das palavras de motivação dele e então comecei a estudar e fazer meu TCC, concluí sozinha ele todo e no dia da apresentação tirei dez. Graças a Deus e a ele, que sempre acreditou em mim. Ele até hoje é a minha maior inspiração, e isso sempre, até quando os meus pais não estavam acreditando mais, ele foi o único que estava ali, acreditando em mim, e tudo o que eu sou hoje é graças a Deus, né?, e graças a ele. Eu devo muito a ele, e ele sabe disso. Ele é maravilhoso, não tenho nem palavras suficientes para descrevê-lo. Quem convive com ele sabe que ele sempre tem uma palavra para te motivar, para te fazer crescer. Quem tem ele por perto, tem Deus por perto."

LEONARDO AMANZZIO (PASTOR AMÂNCIO)

"Uma vez eu estava dirigindo para ele, e nós paramos no semáforo. Ele disse: 'Meu amigo, encosta esse carro aqui'. Ele, então, se aproximou de dois vendedores ambulantes, perguntou quanto que era para comprar as pipocas que eles estavam vendendo e então comprou, pagando o dobro. Encheu o carro de pipoca naquele dia! Ele não é apenas meu chefe. Apesar de ser mais novo que eu, ele é meu líder. Eu tenho uma imensurável admiração por ele. Gabriel é uma pessoa fantástica, maravilhosa, e por essa razão eu estou na Harrison compondo esse seleto grupo."

BRUNO MELLO

"Ele era cliente da Sergio's, onde eu trabalhava, bem antes de começar a trabalhar no Grupo Harrison. Na época, ele não tinha o poder aquisitivo que tem hoje. Mas ele continua sendo a mesma pessoa, com a mesma humildade, e sempre fez questão de falar com todos dentro das lojas. Uma coisa que sempre reparei é que ele nunca se fidelizou com um único vendedor. Com o propósito de ajudar as pessoas, ele sempre procurou fazer determinada compra com vendedores diferentes, com a intenção de ajudar diversas pessoas — e isso é muito difícil de ver no mundo de hoje em dia. E outra coisa que me chama muita atenção: sem obrigação alguma, ele já cansou de ir lá na loja em que eu trabalhava para me ajudar como supervisor a bater as metas, assim como ajudar os colaboradores. Tem um caso de um colaborador que estava precisando de dinheiro, mas ninguém sabia, pois ele era muito reservado, e, coincidentemente, ele estava atendendo o Doutor; quando ele foi tirar a calçadeira do bolso, acabou caindo um extrato bancário que mostrava que não tinha dinheiro algum. O doutor Gabriel viu aquele papel e, na hora de sair para pagar a conta, entregou na mão do vendedor uma quantia em dinheiro para ajudá-lo. Isso foi um marco não só na loja dentro do *shopping*, mas no Brasil inteiro — todos ficaram sabendo."

SAMUEL DIAS

"A primeira coisa que me marcou quando entrei na empresa foi a religiosidade do doutor Gabriel, em colocar Deus em primeiro lugar sempre. Antes de entrar aqui no Grupo Harrison, eu trabalhava como terceirizado em uma empresa que trabalhava para a Harrison também. E, em certo momento, estava ocorrendo alguns problemas na empresa por questão de comunicação, e ele me chamou e me falou sobre a situação. E disse: 'A empresa sai, mas, se eles não quiserem mais você, vou contratá-lo, porque nós precisamos você'. Isso me marcou bastante, é algo de que eu nunca esqueço."

PATRICIA RODRIGUES

"Eu e o Gabriel já temos quase dez anos de amizade. Eu o conheci exatamente na fase em que ele não era ninguém. A gente viveu vários momentos lindos juntos e já participei de momentos importantes da vida dele. E o que mais me marcou e ainda me emociona bastante é justamente a época em que ele também não tinha muito. Minha família passou por diversos problemas no passado, e o Gabriel estava lá em todos os momentos, fosse de madrugada, de dia, qualquer horário que nós precisássemos, ele ia lá em casa, fazia uma oração, para escutar e dar um abraço. E, toda vez que eu passo por qualquer tristeza, eu penso nele; igual a uma criança que pede a mãe, eu quero conversar com ele. A gente tem uma ligação muito forte de energia, somos muito sensíveis. Ele é uma pessoa que sempre acreditou muito em mim, muito antes do Grupo Harrison. Ele sempre acreditou no meu potencial, apostando todas as fichas em mim, no meu namorado e na minha família. Então, eu acredito que nós temos uma ligação muito forte. Esse é o momento que marca as nossas vidas."

KLAUS LINS

"Desde o começo, o doutor Gabriel me recebeu muito bem aqui. Sempre me deu oportunidade para inovar e mostrar meu trabalho, sempre foi uma pessoa muito generosa com todos. Além de ser um chefe muito bom, uma pessoa aberta e com coração grande, também mostrou ser um grande amigo; ele sentiu o desejo no coração de me ajudar a realizar um sonho meu, mesmo sem ter necessidade nenhuma disso, mas, por ser uma pessoa muito boa, me ajudou mesmo assim. E eu sou muito grato a ele por, a cada dia, continuar dando essa oportunidade e me mostrar que é um grande amigo. Além de tudo isso, quando entrei aqui, eu era uma pessoa bem fechada, mas, com o passar do tempo e o desenvolvimento da nossa amizade, comecei a me sentir mais confortável em me abrir um pouco mais e contar coisas que eu nunca tinha contado para ninguém. Para o Gabriel, senti que eu podia contar um trauma e, como um bom amigo, ele conseguiu me ajudar e me fazer enxergar a vida de uma maneira diferente. Então, tudo o que faço, tanto na minha vida pessoal como profissional, eu faço de uma maneira diferente, e o Gabriel faz parte disso."

RUBENS ALVES

"O que posso dizer é que no centro de tudo o que ele faz e no centro de tudo o que o motiva, está o profundo respeito pela dignidade de cada homem; ele sabe ver o melhor em cada ser. Sua trajetória de vida é um exemplo que pretendo seguir e é total motivação para todos. Não importa a idade que ele tem, ou qual foi a história que ele viveu, ou quais são as suas circunstâncias atuais: ele sempre sabe que é capaz de fazer, ter e tornar real o que quiser neste mundo."

JEZIEL BRANDÃO

"O que me marcou muito no doutor Gabriel é a sensatez dele. É algo que ele sempre transmitiu para mim, uma pessoa de fé, de postura firme, que tem grandes visões e acredita muito no que faz. O que mais me motiva é o propósito dele. No passado, quando Deus falou comigo sobre o meu propósito, Ele disse que eu passaria por pessoas especiais, e eu me identifiquei muito com o Doutor pela oportunidade que ele me deu. Ele me chamou para um propósito na empresa dele. Naquele momento, eu fiquei um pouco em cima do muro, mas depois eu vi realmente a sensatez dele, a pessoa que ele é, e isso mudou muito a minha vida. Eu me espelho muito nele. O que acabou mudando a minha postura, minha visão e a forma como trabalho. Até hoje isso me marca, essa experiência, principalmente, de manter a fé apesar das circunstâncias e saber lidar com as situações, as pessoas e os negócios. Ele me marca diariamente, e eu busco sempre manter a mesma postura que ele. Nós tivemos já muitos momentos de sabedoria; por mais que, às vezes, a situação esteja difícil, que você esteja enfrentando algo complicado, ele sempre me ensinou a manter a calma, ir devagar e lembrar que eu tenho minha identidade, minha capacidade e que ele sempre estará ao meu lado, independentemente de todas as circunstâncias. Essa questão de ele conseguir manter a calma, além da espiritualidade dele, é muito valiosa. A empresa é o espírito dele; se ele deixar de ser a pessoa que é, a empresa deixa de ser o que é. Então, isso é algo que impacta muito e me faz querer me espelhar nele. E acredito em tudo que ele faz, seus propósitos e projetos são todos muito grandes."

ALVARO FERNANDES

"Eu gosto muito da questão de ele dar oportunidade às pessoas, e eu sou uma dessas pessoas. Ele me deu a oportunidade de trabalhar aqui na Harrison mesmo eu não tendo experiência alguma. Eu estava fazendo um curso no qual não estava muito focado, nem sabia direito sobre o que se tratava também. Um pouco antes eu tinha feito um teste para outra empresa, mas não tinha dado certo, então estava muito desanimado. Então, ele apareceu e me deu essa oportunidade, mesmo eu falando que não sabia e não tinha experiência; ele quis me contratar para me ensinar. Teve também uma época, quando eu já estava trabalhando aqui, em que eu estava muito desanimado e, vendo isso, ele me chamou para conversar e me deu um grande apoio, me aconselhou a deixar para trás as pessoas que estavam freando minha vida, e isso foi um grande diferencial. Mesmo que eu não tenha seguido à risca os conselhos, na época, isso mudou minha vida e eu tenho levado isso comigo desde então."

BRUNO BARBOSA

"O que eu vejo muito no Gabriel é a questão da motivação e da persistência dele. Isso é algo muito incrível. Várias coisas acontecem, mas ele está sempre lá, persistindo e motivado a realizar seus objetivos, e isso é algo que é muito importante."

LUCAS CALDEIRA

"Um dia, eu tinha acabado de chegar à empresa, e a gente estava passando por algumas dificuldades. Então, o Doutor virou para a equipe e me usou como exemplo, dizendo: 'O Lucas deixou de viajar com a família para nos ajudar nessa caminhada', e eu fiquei surpreso, porque eu havia comentado por cima para ele; ele me perguntou sobre meu pai e eu disse a ele que minha família estava viajando. Foi uma conversa de um minuto e, do nada, ele me usou como exemplo para a equipe. Eu fiquei muito feliz, porque ele deu valor a uma coisa dessa. Foi um momento que me marcou bastante. Ele é um cara que percebe tudo. Ele dá muito valor para os funcionários, e nas menores coisas — ele está sempre de olho em tudo."

ALDEMIR PEREIRA

"Eu conheci o doutor Gabriel através de um amigo em comum, e é unânime: quanto mais você o conhece, mais ele vai te cativando. Algo que me chama muito a atenção nele é a vontade que ele tem, o empenho que ele tem em ajudar as pessoas. Quem está com ele no dia a dia vai se apaixonando pela atitude e pela pessoa humana que ele é. Todo dia que você sai com ele tem alguma novidade, algo que ele faz que é admirável, por exemplo, quando ele parou numa banca e comprou todos as melancias que a pessoa estava vendendo. Teve outra vez que ele comprou todos os panos de prato que alguém estava vendendo, apenas para ajudar a pessoa a vender a cota dela. São atitudes assim que eu admiro! Se existissem mais "Gabrieis" pelo mundo, tudo seria melhor. Ele evangeliza muito mais que muitas igrejas juntas. Ele passa a Palavra de Deus colocando em prática aquilo que ele aprendeu."

AMANDA KELLY

"O Grupo Harrison é uma empresa muito diferenciada. O Gabriel é uma pessoa que está sempre incentivando os outros a crescer e dando a oportunidade para o crescimento. Ele é uma daquelas poucas pessoas que está sempre colocando a Palavra de Deus no seu dia a dia e vivendo ela diariamente. Ele acaba sendo um grande incentivo a todos nós."

GABRIEL SABINO

"Eu conheço o doutor Gabriel há muito tempo. Um dos momentos mais marcantes que eu lembro, foi quando eu tive um problema na minha vesícula e ele me ajudou bastante, porque eu estava esperando o SUS liberar a cirurgia, e eu precisava fazer a cirurgia imediatamente. Então, graças a ele, eu pude ter meu plano de saúde e consegui fazer a cirurgia de que eu necessitava naquele momento."

SARANA MONTEIRO

"Eu conheço o Gabriel há um tempo significativo, o suficiente para poder defini-lo como um ser humano inspirador. Depois de muito escrever sobre sua história, pela primeira vez não encontrei palavras para dar uma boa definição dele hoje, para mim. Muitos foram os momentos em que chorei lendo este livro, Deus sabe disso. A história dele é real, e isso é louvável! E, quando eu pensei que não sentiria mais admiração por quem ele é, Deus veio e me surpreendeu. Eu não tenho dúvidas de que este livro será, em pouco tempo de lançamento, um *best-seller*. O Gabriel é aquela pessoa que não vê problema nenhum em se diminuir para fazer os outros crescerem, não vê problema nenhum em pousar para que os outros possam voar. Ele, mesmo que às vezes esteja cheio de problemas e preocupações, não se importa de carregar mais um, ou aqueles de outra pessoa — qualquer um que precise! Ele é aquele que sabe exatamente o voo que Deus preparou para ele, e que existirão alguns que são dele e de mais ninguém, mas às vezes só quer voar se levar todo mundo junto. Ele é águia, e eu desejo a ele asas bem abertas e voos grandes, que todos cheguem a perdê-lo de vista, mas que ele tenha também sempre um lugar seguro para pousar e voltar sempre que precisar. Desejo que ele seja feliz, todos os dias de sua vida."

· · · · · ·

Todos os dias oro a Deus e, primeiramente, eu agradeço por tudo o que Ele tem feito na minha vida, por minha família, pelos meus amigos, pelas pessoas que estão ao meu redor, pelos meus funcionários, pela minha empresa, o Grupo Harrison, e por cada um que de forma direta ou indireta passa ou passou pela minha vida. Assim como oro por cada um que irá ler este livro. Neste momento, oro para que você possa entender que, se tiver fé, se apenas lutar pelos sonhos e não desistir, as demais coisas o Senhor fará!

Peço ainda que Deus abençoe todos os seus projetos, suas metas, seus sonhos, e que você possa concretizar todos os objetivos de vida de forma exponencial e maravilhosa. Oro para que você possa ser grande e estar entre os grandes nesta terra, que você possa ser um instrumento do Senhor que irá abençoar milhares de vidas, que você partilhe do bem sem olhar a quem. Que você possa ser uma pessoa ensinável e inspiradora. Você tem hoje a chance de fazer tudo diferente. Eu te encorajo a olhar com carinho para papéis antigos que você já rabiscou várias vezes e colocou na gaveta porque ninguém acreditou; te encorajo a voltar a sonhar, voltar a acreditar.

ORE COMIGO: Querido Pai, gratidão é a palavra que me acompanha todos os dias da minha vida. Senhor Deus, só Tu és todo poderoso e maravilhoso. Peço neste momento a sua benção sobre mim, abre novas portas e fecha todas as que sejam desnecessárias. Eu sei, Pai, que tudo vai ser diferente daqui para frente, meus projetos vão ser diferentes, e vão dar certo. Eu vou fazer diferente, vou me dedicar, vou me esforçar e, quando eu não tiver forças, vou continuar, porque sei que o Seu poder se aperfeiçoa na minha fraqueza. Guie-me pelo caminho bom, faça-me voar voos que eu jamais esperei. Eu estou preparado, Senhor! Eis-me aqui. Abre a minha visão, como a de uma águia, para que eu possa sempre enxergar além. Eu sei que existem coisas que só o Senhor pode fazer, existem vazios e lacunas que só podem ser preenchidos pelo Seu toque, por Suas mãos. Então, Pai, faça neste exato momento o que eu não posso fazer, do alto da minha cabeça até a ponta dos meus pés, faça por mim e através de mim infinitamente mais. Existem sonhos e objetivos no mais íntimo do meu ser que precisam ser realizados, e às vezes eu apenas me encontro sem saídas ou esperança. Às vezes sinto-me como se ninguém acreditasse em mim e nos meus sonhos; tem vezes que até ouço dizerem: "Você sonha demais", "O seu sonho é maior que você" ou até mesmo "O seu sonho é maior que as suas condições atuais". E quem te conhece, PAI, sabe que isso é muito, muito, muito pequeno para Ti. Eu sei que existe uma nova estação chegando para mim, e eu hoje creio e recebo, em nome de Jesus. Eu sei, nada quebrado, nada faltando e nada fora do lugar. Shalom! Amém!

Nos Salmos 121, se diz:

> "Levanto os olhos para os montes: será que é de lá que vem a minha força?

Não, minha força vem do Eterno, que fez o céu, a terra e as montanhas. Ele não deixará que você tropece, seu Guardião nunca dorme. Jamais! O Guardião de Israel nem sequer cochila. O Eterno é seu Guardião: ao seu lado ele dará proteção. Nada pode fazer mal a você: nem o Sol, nem a Lua. O Eterno guarda você de todo mal, ele protege sua vida. Ele o protege quando você sai e quando volta, guarda você agora e o guardará para sempre."

Um grande abraço do Gabriel Harrison.
Vamos para cima!